식물의 효능

OIMU®

차례

여는 말　　　　　　　　　　　　　　　　7

새순

춘경(春耕)	주수원	18
움돋는 화분(花盆)	방정환	20
산가(山家)의 봄	노자영	24
꽃씨들의 숨소리	문덕수	28
꼬부랑 새싹	마해송	30
무명(無名)의 구근(球根)	노자영	34
밭고랑 위에서	김소월	36
씨를 뿌리자	서덕출	40
푸른 보리 이삭	최병화	42

꽃

꽃에 물주는 뜻은	오일도	56
꽃모종	서덕출	60
얼마나 자랐을까 내 고향의 라일락	김남천	62
백매화	장정심	68
봉선화	서덕출	70
매화(梅花)와 수선(水仙) 이약이	춘정	72
금잔화(花)	황석우	80
백합화단	백신애	82
적은 꽃들의 아츰인사(人事)	황석우	90
화원	장정심	92
화초(1)	이효석	94
들국화 한 가지	황석우	100
창포화(菖蒲華)	미상	102
노인(老人)과 꽃	정지용	106
천홍화(天紅花)	노자영	110

열매	송고(松高)의 사과밭	문일평	118
	상수리와 박	정명남	122
	햇보리밥	권태응	126
	고향의 여름	노자영	128
	도토리들	권태응	134
	작은 새와 열매	허민	136
	야과찬(野果讚)	이효석	140
	박과 호박	허민	146
	고정(苽亭)(오이집)기(記)	오일도	150
	석(石) 류(榴)	윤곤강	158
녹음	신록(新綠)과 나	최서해	166
	내가 좋아하는 솔	강경애	170
	버들	계용묵	176
	포플러나무 예찬(2)	김교신	180
	크로-버	장정심	184
	산사(山寺)의 여름	노자영	186
	초화	백신애	190
	녹음하	백신애	194
	고독한 산책	노자영	200
	율정기(栗停記)	계용묵	204
	뽕나무와 나	노자영	212
	재미있고 서늘한 느티나무 신세(身世) 이야기	방정환	216

식물 찾아보기   231

작가 정보   233

여는 말

　우리 동네 양지바른 어느 골목엔 커다란
고무대야 화분이 길목을 따라 늘어서 있습니다.
　겨울에는 메마른 흙만 담겨있어 종종 담배꽁초
같은 것들이 버려지기도 하나, 봄이 되면 누군가
고무대야 속 영양가 없던 마른 흙을 기름진 땅으로
일군 뒤 방울토마토, 가지, 고추 등 갖가지
식물을 심어 가꿉니다. 초여름쯤 되면 그 모습이
소박하면서도 참으로 탐스럽게 보여 이때가 아니면
볼 수 없는 귀한 풍경처럼 느껴집니다. 무성하게
잎을 틔우던 방울토마토는 주렁주렁 열매를
맺었고, 보라색 꽃이 진 자리에는 요철 하나 없는
가지가 미끈하게 자라나 신비로운 보랏빛 윤기를
자랑합니다. 고무대야 화분에 열매가 열리고서는
매일 집으로 돌아가는 길, 식물들을 관찰하는
것이 하나의 기쁨인 때가 있었습니다. 콩알만
하던 것이 하루 사이 눈에 띄게 여무는 모습이
어찌나 대견한지, 가꾸는 사람의 솜씨가 놀랍기만
했지요. 어느날 화분을 매만지던 주인아주머니와
마주치게 되어 그간 내가 보고 느꼈던 고무대야

화분에 심어진 식물 관찰기를 자랑하듯 이야기했고,
주인아주머니도 크게 반가워하며 가지에 주렁주렁
열린 방울토마토 한 움큼을 따서 내게 안겨
주었습니다. 그렇게 맛본 방울토마토는 별사탕이
터지듯 달콤하고 시원했습니다. 구경꾼만을
자처하던 나는 별안간 그 길로 각종 묘목을 사다
심어 가꿨는데, 이런저런 이유로 번번이 수확에
실패하게 되어 실망도 컸습니다.

그렇게 몇 번의 실패를 거치며 나름의 방식을
터득하게 되었고, 지금은 몇 가지 관엽식물과
과실수를 반려하며 여러 해 겨울도 함께 나고, 작은
베란다에서 제철 작물을 파종해 길러 먹는 일에도
재미를 붙이게 되었습니다.

바쁜 와중에도 식물을 돌보는 시간은 마치 나를
돌보는 시간과도 같았습니다. '식물은 무심으로
위안을 준다'는 소설가 버지니아 울프의 말처럼,
창가의 식물은 말없이 해가 뜨는 방향으로 몸을
기울였다 바람이 통하는 곳으로 얼굴을 내밀었다
하며 무심한 듯 다정한 푸른 위안을 건네줍니다.

이 책에는 1920-60년대에 신문과 잡지
등에 수록된, 식물의 효능을 맛보기 좋은 짧은
글들을 모아 엮었습니다. 원문에 쓰인 옛 표현은

대부분 현대어로 수정하였지만 당 시대의 감성을 전달하기에 도움이 되고 문맥상 이해가 가능한 표현은 유지하였습니다.

   그럼에도 불구하고 문맥상 대체가 불가한 옛말 또는 방언, 그리고 현대 표준어에서 흔히 사용되지 않는 표현에 대해서는 최대한 주석을 달아 이해를 돕고자 하였습니다.

   원문의 내용상 현시대 정서와 맞지 않는 표현은 수록하지 않았습니다.

   식물의 생장인 새순, 꽃, 열매, 녹음 순으로 주제를 선정하여 글을 나누고, 접지형 포스터로 각 주제별 목차 페이지를 구성했습니다. 겨우내 얼었던 땅을 뚫고 나온 새순들의 율동, 작은 분에 심어진 꽃들, 결실을 맺은 탐스러운 열매들, 그리고 녹음 속 한가로운 때를 보내는 옛 풍경을 그래픽으로 옮겨 식물의 부산물로 만든 종이에 인쇄했습니다.

   식물이 건네는 조용한 위로와 기쁨을 통해 돌아오는 봄엔 우리들 마음에도 싱싱하고 파란 싹이 트이길 바랍니다.

오이뮤 드림

♣✿◎❀ 식물의 효능 ❀◎✿♣

- 식물을 통해 스트레스를 해소하고 정서적 안정을 느낄 수 있습니다.
- 식물은 공기 중 오염물질을 흡수하고 깨끗한 공기로 정화하여 배출합니다.
- 움트는 식물을 보며 생명의 소중함을 느낄 수 있습니다.
- 만개한 꽃은 기분 좋은 향취를 선사합니다.
- 식물의 잎이나 열매는 식이섬유가 풍부해 골고루 섭취하면 건강에 도움이 됩니다.
- 푸른 식물은 사람의 눈을 편안하게 해줍니다.
- 식물은 사람과 동물에게 안식처를 제공하며 생태계를 구성합니다.
- 수명이 긴 식물은 무구한 자연의 역사를 담고 있어, 삶에 교훈을 줍니다.

새순

그대의 봄

새솔

새순 ♣

춘경(春耕)

주수원, 『여성』 제3권 제5호, 1938. 5.

새순 ♣

앞뜰 갈아둔 밭에
무슨 씨를 심을고
하고자 하는 씨
서로 믿는 씨
붙들어주고 일깨워주는 씨
한 고랑씩 넙넙히
심어보리라
누나야 옵바야 기뻐하여라
저 어린싹들이 벌써 보인다
무엇이나 해보려고 반짝이는 싹
비바람 쳐도 이기려는 싹
무럭무럭 쉴 새 없이 자라는구나
오! 귀여운 어린싹이여

누나야 옵바야 함께 가꾸자
자라나는 귀한 싹 벌레 먹을라
교만과 오해의 그 몹쓸 벌레
하루바삐 이 땅에서 잡아버리자
연한 그 싹이 큰 나무 되도록
우리는 노래하며 힘껏 일하리.

움돋는 화분(花盆)

방정환, 『어린이』 6권 3호, 1928. 5~6.

새순 ♣

- 당신도 만드십시오 -

　화분에 심어 논 꽃나무나 다른 나무에 싹이 돋고 꽃이 피는 것은 조금도 신통스러울 것이 없지마는 그 화분, 즉 나무를 심은 그릇에서 싹이 돋는다든가 잎이 난다면 여러분은 '그럴 리가 있나' 하고 퍽 신기해하실 것입니다.

　그러나, 여기 움 돋는 이상한 화분을 만드는 수가 있습니다. 지금 그것을 가르쳐 드릴 터이니 당신도 만들어 보십시오.

　먼저 너무 굵지도 가늘지도 않아 만들기에 알맞은 수양버들이나 포플러 같은 나무의 작은 가지(싹 나올 봉오리가 많은 것)를 길이 다섯 치쯤 되게 찍어서 몇십 개가 되리만치 똑같은 길이로 골고루 만듭니다. 그러나, 그중에 하나만은 기다랗게 찍으셔야 합니다. 그것은 손잡이가 되는 것입니다.

　찍은 가지들은 위와 아래 두 곳쯤을 철사로 엮어서 화분을 만들되, 기다란 가지는 가운데 넣고 엮어야 합니다. 그리고 나서는 그 속에다 보드라운 흙을 적당히 넣고 씨를 뿌리든가 꽃나무나 다른 작은 나무를 심어도 좋습니다.

　이렇게 하고는 대야나 바께쓰 같은 데다가 물을 담아서 화분 밑으로 한 치쯤 잠기게 대야 속에 올려놓습니다.

    그러나, 매일 물에만 담가 두면 심은 식물이 썩어지는 까닭에 하루씩 걸러 담가 놓고 담가 두지 않는 날은 햇볕 잘 쪼이는 영창문♣ 밖 같은 데 얹어 두는 것이 좋습니다.

    그럭저럭 며칠을 지내노라면 화분을 이루고 있는 가지가지들이 모두 파란 움을 돋치게 됩니다. 철조차 좋은 요사이에 다 하나씩만 그래 보십시오. 재미있고 유익한 장난입니다.

♣ 영창문: 방을 밝게 하기 위하여 방과 마루 사이에 낸 두 쪽의 미닫이.

새순 ♣

산가(山家)의 봄

노자영

새순 ♣

4월 10일(금요일)

　산사에서 겨울을 지내고 동구 밖에 조그만 초가를 산 후, 병에 약한 몸을 쉬게 되었다. 이 초가에 오자마자 넓은 뜰 안에 앵두꽃이 만발하였다. 꽃은 작으나 나무에 다닥다닥 붙고 정열적인 붉은 꽃 ── 그 구슬 같은 작은 꽃이 뭉치가 되어 만발한 정원은 꽃세계를 이루었다. 나는 앵두나무 사이를 거닐며 잃어버린 정열이 그리웠다.

　강아지 한 마리가 꽃나무 사이를 뛰어다니고 있었다. 의자를 앵두꽃 옆에 놓고 자기의 정열을 마음껏 완성한 그 꽃을 유심히 바라보았다.

　테니슨♣의 시집을 읽어 보았다.

　호미를 가지고 빈터에 콩을 심고 감자 싹을 심었다.

　오후에는 홍 군과 함께 뒤 창 옆에 조그만 화단을 만들고 꽃을 심었다. 아, 작은 내 마음의 낙원이여!

　뒷산 밤나무 사이에 걸린 달은 유난히도 서늘하고 고전적이었다.

♣ 테니슨: 영국의 시인(1809~1892). 애국적인 내용과 세련된 운율미를 갖춘 시를 썼다. 작품에 <아서 왕의 죽음>, <인 메모리엄(In Memoriam)>, <국왕 가집> 따위가 있다.

4월 26일(화요일)

오늘은 기분이 좋다. 수원 부국원♣에서 포도 묘목이 왔다. 그리고 사과 묘목도 왔다. 정제(整制)한 땅 위에 한 놈씩 심다. 대지와의 결합이 이 땅에서 뿌리를 박고, 새싹이 트고, 잎이 퍼져 구슬 같은 포도가 주렁주렁 열리리라.

사과 묘목을 심고 작은 묘목에 축복을 빌다. 무럭무럭 커서 달덩이 같은 열매들이 열리라고, 나는 아름다운 이 동산에 이름 없는 시인이 되어, 포도를 따고 사과를 따서 여름날에는 그 포도그늘 밑에서 시를 쓰고 시를 읽는 사람이 되어볼까.

하얀 닭들이 포도 묘목을 뒤집기 시작한다. 어여쁜 나의 새여. 나는 장난을 중지하는 동무가 되었다. 십여 일 전에 사 온 십여 마리 레그혼이 나를 보면 반겨 뒤를 따르고 먹을 것을 구하는 것이 더욱 아름다웠다.

오후에 주간 조일신문이 왔다.

저녁때 동네 아이들이 북한산에 가서 목련(木蓮)을 캐가지고 와서 사라고 한다. 한 주에 육십 전씩 주고 다섯 나무를 샀다. 물을 주고 정성껏 심었다.

♣ 부국원: 종묘·종자를 판매하던 회사. 현재 이곳은 국가등록문화재 제698호로 지정되어 문화공간으로 쓰인다.

5월 21일 (목요일)

장미꽃이 피다. 아침에 그 꽃을 손으로 만져보고 코로 냄새를 맡아보다.

"향기도 좋은데?"

기적이나 발견한 듯이 그 꽃을 못내 그리워하였다.

뜰로 내려갔다. 포도 묘목에 희고 빨갛게 순이 뭉실뭉실 자라난다. 아, 성장의 기쁨

"이쁘고 봉실봉실한데?"

나는 다시 큰 포도밭을 그려보며 기뻐하였다. 강아지가 길길이 뛰며 포도 묘목을 밟을 때

"아! 순진한 친구여!"

하고 그를 안아 머리를 쓰다듬어 주었다.

저녁때 목련(木蓮)을 살펴보니 파란 잎이 돋아나기 시작했다. 아, 주먹 같은 꽃을 피워달라고 나는 기도하다시피 중얼거렸다. 내 집 뜰에 피는 어여쁜 꽃은 얼마나 자랑일까. 밤에는 달이 창에 비쳐서 공연한 공상으로 잠을 이루지 못하였다.

꽃씨들의숨소리

문덕수, 『조선일보』, 1966. 2. 1.

새순 ♣

구만리(九萬里) 여행(旅行)에서 돌아오는
겨울나무들.

삼십육천(三十六天)♣의 구석구석을 들이쉰
가지 끝에 새 빛이 돈다.

씀바귀와 신신한 미나리, 보름 달맞이 횃불, 귀
밝히는 약(藥)술.

하얀 눈꽃 송이 속에 묻혀 명상(瞑想)의 살찐
밭을 되갈이 하던 무지개의 꿈이 눈을 뜬다.

새의 잔등과 보습♣에 따스한 햇빛이 무늬지는
융륭(隆隆)한 이월(二月)의 회로(回路)에는
수렁거리는 꽃씨들의 숨소리가 강(江)물이 되어
흐른다.

♣ 삼십육천(三十六天): 도교에서 일컫는 하늘 세계.
♣ 보습: 쟁기, 극쟁이, 가래 따위 농기구의 술바닥에 끼우는, 넓적한 삽 모양의 쇳조각.
　농기구에 따라 모양이 조금씩 다르다.

꼬부랑 새싹

마해송, 『모래알 고금 1·2』, 1959. 3. 20.

새순 ♣

　방금 흙을 헤치고 모래를 떼밀고 겨우 돋아난 조그만 새싹이 세상에 제일 예쁘고 아름답고 훌륭하고 잘난 거라고 뻐기니 기가 막혀서 말이 나오지 않았습니다.

　눈에 띄지도 않을 조그만 새싹이 냉이나 달래의 순이라면 여름이 되어야 냉이는 푸르무레한 흰 꽃이라기보다도 깨알 같은 시답지 않은 것을 피울 것이고, 달래는 희고 자줏빛 도는 파꽃 같은 것을 피우고 말 것입니다.

　씀바귀라 하더라도 여름에 보잘것없는 누런 꽃을 피울 것이고, 민들레라 하더라도 누르거나 흰 작은 꽃을 피우고 그 끝에 솜 같은 것이 생겨서 가을에 훨훨 날려 흩어지면 그만입니다.

　그런 것을 제가 제일 잘났고 제일 예쁘고 아름답다고 믿고 있는 것입니다. 더욱이 봄에 나서 가을까지밖에 살지 못하는 것을 가지고 '오래오래 아주 오래 산다'고 하니 나는 할 말이 없습니다.

　내가 입을 다무니 꼬부랑 새싹은 종알종알 노래를 부르며 즐겁게 자라났습니다.

　움찔하면 흙이 우수수 흩어지고 나는 옆으로 비켜나고 새싹은 자랐습니다.

　생명이라는 것이 무엇이기에 보잘것없는 새하얀 새싹이 자랄 때마다 흙을 헤치고 모래를

떼밀며 땅 위로 쭉쭉 뻗어 오르는 것인지 참으로
신기합니다.

해가 지고 어두워졌습니다. 꼬부랑 새싹은
쌔액쌔액 잠이 들었나 봅니다.

나는 자라나는 새싹이 귀여워서 밤새 바람을
막아 주었습니다.

찬바람이 휘몰아치면 쓰러지지나 않을까
해서입니다.

그런데 웬걸, 밤사이에도 새싹은 자라고 있었던
모양입니다.

아침해가 돋으니 꼬부랑 새싹이 또
움찔움찔하는데 보니 꼬부랑이가 한결 바로잡혀
있었습니다. 키도 자랐습니다.

키가 호리호리하고 조금 꼬부라진 새싹이
오늘은 나를 내려다보는 것입니다.

"안녕!"

"안녕!"

새순 ♣

무명(無名)의 구근(球根)

노자영, 『백공작』, 1938.

새순

이 마음은 땅 밑에 잠자는 무명의 구근
동면을 계속한지 오래되어 땅바닥을 부비며
촉촉이 적셔지는 봄비의 땅바닥을 기다리나니
아, 피고 싶어 붉은 잎, 그 정열의 송이로
타고타고 봄 아지랑이 밑에 타고 싶어

이 마음은 날고 싶어하는 하나의 작은 새!
우윳빛 가는 발로 초록의 나뭇잎을 긁으며
미풍에 바삭이는 먼 신비의 음향을 기다리니
아, 날고 싶어 푸르른 저 수흑색 강가에
저 은모래 알알이 빛나는 백사장 위에

이 마음은 울고 싶어하는 하나의 작은 종!
청동의 녹슨 몸으로 새벽 안개를 헤엄치며
새벽 안개를 피로 물드리는 빛나는 해를
기다리나니
아, 울고 싶어 뗑뗑 온 하늘을 주름잡으며
우렁찬 목소리로 가슴을 헤치고 울고 싶어.

밭고랑 위에서

김소월, 1924. 10.

새순 ♣

　우리 두 사람은
　키 높이 가득 자란 보리밭, 밭고랑 위에
앉았어라.
　일을 필(畢)하고♣ 쉬이는 동안의 기쁨이여.
　지금 두 사람의 이야기에는 꽃이 필 때.

　오오 빛나는 태양(太陽)은 내려 쪼이며
　새 무리들도 즐거운 노래, 노래 불러라.
　오오 은혜(恩惠)여, 살아있는 몸에는 넘치는
은혜(恩惠)여,
　모든 은근스러움이 우리의 맘속을 차지하여라.

　세계(世界)의 끝은 어디? 자애(慈愛)의 하늘은
넓게도 덮혔는데,
　우리 두 사람은 일하며, 살아 있어서,
　하늘과 태양(太陽)을 바라보아라, 날마다
날마다도,
　새라새롭은 환희(歡喜)를 지어내며, 늘 같은 땅
위에서.

　다시 한 번(番) 활기(活氣)있게 웃고 나서, 우리

♣ 필(畢)하고: 일정한 의무나 과정을 마치고.

두 사람은
　　바람에 일리우는 보리밭 속으로
　　호미 들고 들어갔어라, 가즈란히 가즈란히,
　　걸어 나아가는 기쁨이어, 오오 생명(生命)의 향상(向上)이여.

새순 ♣

씨를 뿌리자

서덕출, 『신소년』, 1927. 5.

새순 ♣

씨를 뿌리자 씨를 뿌리자

묵고 썩은 너른 터전에

괭이로 꽂고 호미로 매어서

씨를 뿌리자 저-넓은

너른 터전에 가시덤불로

울을 막아 우리의 손으로

씨를 뿌리자

쭉덕♣ 씨앗은 다 서풍에 날리고

싹 나올 씨앗만 가득히 뿌리자

♣ 쭉덕: 쭉정이. 껍질만 있고 속에 알맹이가 들지 아니한 곡식이나 과일 따위의 열매.

푸른 보리 이삭

최병화

새순 ♣

"장거리 정거장 뒤에 있는 밭을 팔기로 했다."

이러한 말을 처음 아버지에게서 들은 것은 작년 봄 일이었다. 어머니께서는 전부터 여러 번 들으시었는지 아주 태연하시었지만 막동이는 그때까지 아무것도 모르고 있었으므로 깜짝 놀라지 않을 수 없었다.

'밭을 팔다니, 우리 집이 그렇게 어려워졌나'

하고 근심이 되어서 어머니께 슬며시 여쭈어 봤더니 어머니께서는 웃으시면서,

"아니, 그런 게 아니라 우리 밭 옆에 있는 김 선달네 밭을 서울 부자한테 파는데 우리 밭까지 팔라고 한단다. 김 선달 아저씨가 오시어서 우리 밭을 껴서 팔아야지 값을 더 받는다고 부득부득 팔라고 하시므로, 아버지가 그 아저씨한테 신세 진 일이 좀 많으냐? 그래 아버지께서도 싫단 말씀을 못 하시고……"

어머니께서는 이렇게 말씀하시고 나서 또 말씀을 계속 하시었다.

"그 밭은 집에서 동떨어지고, 형도 없는 지금 가지고 있다 해봤자 별수 없지 않으냐? 작자가 난 김에 팔아버리는 것이 한 푼이라도 더 받지 않니? 아버지께서도 점점 나이를 잡수시구……."

"그건 그렇지만."

막동이는 퉁명스럽게 한마디 대꾸를 할 뿐 잠잠하였다.

사실 말하자면 너무 멀고 쥐꼬리만 한 밭이라 팔아버리는 편이 좋겠지만 그 밭은 형이 좋아하던 밭이고, 그뿐 아니라 멀고 힘이 드신다고 아버지를 못 가시게 하고 언제든지 형 혼자서 일하던 밭이었다. 막동이는 형의 모습을 생각할 때는 언제나 그 밭에서 일하는 형의 모습이 떠올랐다. 그래 섭섭하고 아깝지만,

'형 대신 내가 밭일을 하겠어요.'

하기에는 막동이는 너무나 어렸다.

그런데 그 후에 그 이야기는 어떻게 되었는지 아무 소식이 없이 그냥 그대로 여름이 되고 가을이 되었다. 그래 아버지는,

"밭을 그냥 내버려 두어서 풀만 길길이 자랐더라. 김 선달네 체면을 보느라구 공연히 입때까지 참았지. 보리라두 심어야겠는걸."

하고 늦가을에 막동이와 함께 보리를 뿌렸다. 그런데 그 보리가 파랗게 자란 삼월 그믐께쯤 되어서 또 밭 파는 이야기가 났다. 전에는 어떻게 되었는지 어린 막동이는 알 까닭이 없지만 이번에는 뭐라고 하는 공장이 들어앉는다고 한다.

"아버지, 보리는 어떻게 해요?"

새순 ♣

막동이가 아버지를 쳐다보았다.

"벨 때까지 참아 준대요"

"웬걸, 즉시 공장을 짓는다더라. 보리는 다 먹었지."

아버지께서는 쓴웃음을 웃으시었다.

"이럴 줄 알았으면 땀 흘리고 일을 했죠, 앵이!"

"전보다 한 평에 일 원씩이나 오르고 그리고, 또 보릿값까지 주더라."

아버지께서 이렇게 말씀하신 지 며칠 안 돼서 막동이 집 밭 있는 곳에는 판장으로 삥 둘러쌌다. 그리고 공사에 쓸 재목이 쉴 새 없이 판장 안으로 들어갔다.

'우리 보리는 어찌나 되었나?'

막둥이는 몹시 궁금하였다.

'공장 집을 지으면 보리는 쌉쌀냥이가 되겠지.'

이렇게 생각하니 보리가 퍽 가엾게 생각이 들어서 참을 수가 없었다.

학교 선생님에게서 '식량 증산'이란 말을 들은 막둥이는 공장에다 보리밭을 팔아버린 자기 집이 새 나라 건설하는 데 죄나 되는 것같이 생각이 들었다.

"저어 아버지, 장거리 밭을 공연히 팔았어요. 밭이 부족해서 빈 터전에는 모두 푸성귀를 심지 않아요. 우리 밭에다가 공장을 세우면 그만큼 우리나라 곡식이 줄어들지 않아요"

막둥이가 퉁명스럽게 말하니까,

"네 말도 옳은 말이지만 그 공장은 무슨 방직 회사라더라. 우리 옷감이 부족한데 옷감도 많이 맨들어내야 않니?"

"옷감 맨드는 공장예요"

막동이 눈은 이상스럽게 빛났다.

"그래, 징용 가서 죽은 네 형도 그 밭 위에 옷감 공장이 된다면 기뻐할 게다. 그러나 장거리 밭만큼 우리 땅이 줄어들었으니 그 밭에서 나는 만큼 다른 밭에서 더 거두도록 해야겠다."

사월 어느 일요일에 막동이는 아버지 심부름으로 장거리에 갔다가 돌아오는 길에 불현듯 공장이 된 밭이 보고 싶어서 정거장 뒤로 갔다.

"어규, 공장을 퍽 크게 짓나 보다."

막동이는 판장 뚫어진 구멍으로 안을 들여다봤다. 그러나 작은 구멍으로는 눈앞에 가리는 것이 있어서 조금도 보이지 않았다. 그래서 판장을 끼고 돌아가니까 다행히 한 곳에 판장 하나가 쓰러진 곳이 있다.

'이런 곳으로 잠자코 들어가서 말 듣지 않을까'

하고 막동이는 염려가 되었지만 벌써 저녁때가 되어서 공사장에서 일하던 사람들은 다 돌아갔는지

새순 ♣

안은 쥐 죽은 듯 조용하였다. 그리고 자기 집 밭을 보고 싶은 마음을 누를 수가 없었다.

'뭐 도적질하러 들어가는 것이 아니고 우리 밭만 잠깐 보면 고만이니까.'

막동이는 저 혼자 변명을 하면서 공장 안으로 살짝 들어갔다. 그러나 모처럼 안으로 들어선 막동이는 어리둥절하였다. 까맣게 보이는 쇠기둥들, 그 안으로 재목이랑 양철이랑 시멘트 부대랑 길길이 쌓여서 자기 밭커녕 자기가 서 있는 곳이 예전에 어느 곳인지 짐작이 나서지 않았다.

'우리 집 밭이 어느 쪽인가……'

하고 구석으로 가려고 할 때 어디서 별안간,

"요놈, 어디로 가니?"

하는 큰 소리와 함께 누가 어깻죽지를 꽉 쥐었다.

키가 후리후리하고 회색 양복을 입은 사람이었다.

"요놈, 너 뭐 훔치러 들어왔지"

"아 아 아녜요."

막동이는 얼굴이 해쓱해지면서 더듬거렸다.

"저 저 우리 보리밭을 보러 왔어요."

"요놈, 거짓말 마라. 어저께도 시멘트 두 포대나 잃어버렸어."

"거짓말 아녜요. 이곳은 우리 밭이 있던 곳예요.

우리 보리를 보러 왔어요."

"보리"

그 키 큰 사람은 그 때서야 비로소 보리란 말을 듣고 어깻죽지 잡은 손을 놓고 말하였다.

"보리 심은 곳이 너희 밭이냐?"

"네."

막동이는 고개를 끄덕였다.

"아버지하구 저하구 심었어요."

"그래."

그 키 큰 사람은

"이리 온."

하더니 막동이 앞서서 갔다.

'어디로 데리고 가나'

막동이는 겁이 나는 것을 참고 뒤를 따라가니까 얼마 안 가서 그 사람은 걸음을 멈추더니 막동이를 돌아다보면서 한편 구석을 가리켰다. 막동이는 그 편을 보자,

"아, 보리다."

하고 반가운 동무나 만난 듯이 뛰어갔다. 막동이네 밭은 집 속에 다 들어가고 세 평 가량 되는 곳에 싱싱하게 자란 것은 벌써 이삭이 나온 푸른 보리였다. 그 사람은 한참 막동이를 보면서 껄껄껄 유쾌히 웃더니,

"이것이 너희 밭의 보리다. 그렇게 싱싱하게 자라나는 보리가 가엾어서 겨우 이것만 이곳으로 옮겨심었단다. 나도 어렸을 때 우리 집이 농사꾼의 집이었으므로 이런 것을 보면 그냥 내버려 둘 수가 없단다."

그 아저씨는 이렇게 말하더니 보리 옆에 앉아서,

"얘, 너 이것 좀 맡아 봐라. 좋은 냄새가 날 테니."

막동이는 안심을 하고 썽긋 웃으면서 아저씨 옆으로 가서 나란히 앉았다.

"자, 좋은 냄새지, 이게 시골 냄새란 거야."

막동이도 푸른 보리 이삭 위에다가 코를 대었다.

"냄새가 구수하지"

"네. 그러나 풋내가 나요."

아저씨와 막동이는 유쾌한 얼굴을 서로 마주 보면서 함께 웃었다. 그리고 날이 벌써 저문 것도 잊은 듯이 푸른 보리 이삭 냄새만 맡고 있었다.

꽃

싱그러운 약속

✿ 꽃에 물주는 뜻은
✿ 꽃모종
✿ 얼마나 자랐을까 내 고향의 라일락
✿ 백매화
✿ 봉선화
✿ 매화(梅花)와 수선(水仙) 이약이
✿ 금잔화(花)
✿ 백합화단
✿ 적은 꽃들의 아츰인사(人事)
✿ 화원
✿ 화초(1)
✿ 들국화 한 가지
✿ 창포화(菖蒲華)
✿ 노인(老人)과 꽃
✿ 전홍화(天紅花)

OIMU

꽃 ✿

꽃에 물주는 뜻은

오일도, 『동광』 제33호, 1932. 5. 1.

꽃 ✿

꽃물 주는 뜻은
봄 오거든 꽃 피라는 말입니다.

남들이 말합니다.
마른 이 땅 위에 어이 꽃 필까

그러나 나는 뜰에 나가서
꽃에 물을 줍니다.
자모(慈母)✿의 봄바람이 불어오거든
보옵소서 담뿍 저 가지에 피는 붉은 꽃을

한 포기 작은 꽃에
물 주는 뜻은
여름 오거든 잎 자라라는 탓입니다.

남들이 말하기를 —
가을 오거든 열매 맺으라는 탓입니다.
남들이 말하기를
돌과 모래 위에 어이 열매 맺을까

그러나 나는

✿ 자모(慈母): 자식에 대한 사랑이 깊다는 뜻으로 '어머니'를 이르는 말.

꽃에 물을 줍니다.
황금(黃金)의 가을 볕 쪼일 제
보옵소, 저 가지에 익어 달린 누런 열매를.
패라운✿ 이 땅 위에 어이 잎 자라날까

그러나 나는 날마다 쉬지 않고
꽃에 물을 줍니다.
여름 하늘 젖비가 내리거든
보옵소, 가득 저 가지에 피는 푸른 잎을.

한 포기 작은 꽃에
물 주는 뜻은
한 포기 작은 꽃에
물 주는 뜻은
님의 마음을 아니 어기랴는 탓입니다.

꽃 필 때에는 안 오셨으나
잎 필 때에도 안 오셨으나
열매 맺을 때에야 설마 아니 오실까.
오늘도 나는 뜰에 나가서
물을 줍니다. 꽃에 물을 줍니다.

✿ 패라운: 정의에 어그러지고 정도(正道)가 어지러운.

꽃 ✿

꽃모종

서덕출, 『학생』, 1930. 5.

꽃

은(銀)실같이 가닥가닥이
내리던 봄비가
길지 않게 하룻밤
오고 간 아침에
나는 꽃모를 얻어다 심었네

금련화(金蓮花) 영란(鈴蘭) 꽃 그것보다도
봉선화(鳳仙花) 꽃모를 즐겨 얻어다
다문다문 장독간 앞에 심었네

아침저녁 부엌에 나들면서
물 주어 알뜰히 길러 꽃피면
손톱에 발긋발긋 물들이려고

얼마나 자랐을까 내 고향의 라일락

김남천, 『조선일보』, 1935. 5. 15.

꽃 ✿

 승용차의 뚜뚜 소리에 육중한 흰 대문이 좌우로 열리고 조약돌을 깨무는 소리를 내면서 차대(車臺)가 스르르 굴러 들어간다. 그리고 현관 앞에서 신사와 숙녀를 떨어뜨리고 그 앞을 빙 돌아 다시 낮은 고동을 뛰ー 한 번 울리고는 까만 차대가 언덕진 정원의 구부러진 길을 커브하면서 대문 있는 쪽으로 미끄러져 간다.

 조약돌을 깔아 놓은 흰 길을 가운데로 오른쪽으로 비스듬히 언덕이 져서 그 곳에 작은 못이 있고, 단풍과 소나무와 사쿠라와 잣나무와 진달래와 또 이름 모를 가지각색의 나무가 이발하고 면도한 두발같이 미끈히 하늘을 찌르고, 둥글게 땅에 붙어 혹은 꾸부러져서 잔디밭 위에 그늘을 만들고 혹은 허리를 굽히고 못 속에서 물을 마시고 있다.

 이편 쪽 흰 벤치를 두 개 놓은 곳에 등(藤)✿이 구부러져 올라가 지붕을 만들고 못을 향하여 서 있는 등롱(燈籠)✿은 수위✿ 모양으로 움직이지 않는데 날쌘 셰퍼드가 풀포기를 쑤시며 이리 뛰고 저리 뛰고 한다. 간간이 새 소리, 저편 후원에서

✿ 등(藤): 콩과의 낙엽 덩굴성 식물. 줄기는 길이가 10미터 정도이고 마디가 있다.
✿ 등롱(燈籠): 등의 하나. 대오리나 쇠로 살을 만들고 겉에 종이나 헝겊을 씌워 안에 등잔불을 넣어서 달아 두기도 하고 들고 다니기도 한다.
✿ 수위: 국경을 지키던 병사.

핑퐁채를 쥐고 달아오는 영양✿의 명랑한 웃음,
바람에 불려오는 듯 피아노 소리, 우리는 이런
정원을 더위에 허덕이며 모자를 벗어 부채질을
하면서 그 앞을 지나다 힐끔힐끔 대문으로
들여다보는 때가 있다. 홍진만장(紅塵萬丈)✿의
시정 가운데 있으면서도 오히려 티끌과 먼지와는
인연 먼 이 정원의 명랑한 향훈과 청신한 공기를
호흡할 수 있는 특이한 심장과 폐를 상상해 보면서,
우리는 땀과 먼지에 축 처진 양복바지를 끌면서
다시 게딱지 같은 자기 집을 향하여 걷기 시작하는
것이다. 사실 '정원'하고 일컬을 뜰 안을 거닐어
보지도 못한 우리들이 이 속의 풀과 나무 잎새와
샘물의 서늘한 맛을 누가 능히 상상인들 할 수 있을
것이냐!

    다섯 평도 안 되는 세모 혹은 네모난 땅조각에
대문과 마주 서서 변소가 있고 그 옆으로 장독대,
물독, 나무 후간, 그리고 두 줄, 세 줄 가로 세로로
매어 놓은 쇠줄에는 명태같이 꿋꿋한 와이셔츠의
팔대기다리를 꺾어서 매어 달린 부인네의 속옷
중의 심지어는 방 걸레조로, 구멍 뚫어진 양말,

✿ 영양: 윗사람의 딸을 높여 이르는 말.
✿ 홍진만장(紅塵萬丈): 햇빛에 비치어 붉게 된 티끌이 높이 솟아오름.

꽃 ✿

삼과(三科)✿의 미술품 같고 초현실파의 회화 같은 지저분한 풍경―골목에서 떠드는 조무래기 아이들의 재재거리를 소리를 귀를 막을 듯이 피하여 들어오는 내 집 대문에서 문턱을 넘어서자 맥고✿ 모자를 벗기듯이 떨어뜨리는 빨래를 얼굴에 들쓰는 일이 우리들의 정원이 주는 첫 인사가 아닌가!

어디 나무 한 가지가 있고 풀 한 포기가 있을거냐. 어디 폐를 씻는 청신한 향훈이 있고, 땀을 그으는 한 조각의 그늘이 있을거냐!

태양도 이 뜰 안에선 공평을 잃고 구름 한 점 없는 코발트색의 창공도 이 속에선 광윤(廣潤)을 잃는다. 마비된 신경에서 안정을 잡아찢는 '무드렁사리요✿'의 소리, 숨을 매이게 하는 굴뚝의 연기, 이것이 우리들의 정원이다.

그러나 이 정원에도 황혼은 온다. 초하(初夏)의 밤, 산산한 바람이 대청에 기어든다. 이 때, 처마 끝에 달이 매어달린 것을 보면서 비로소 나는 휴― 한숨을 쉬고 내 마음의 한 모퉁이에서 찾아 보고자 하는 여유를 갖는 것이다. 빈약은 하나 마음대로

✿ 삼과(三科): 1925년에 결성된 미술협회. 미술업계의 보수적 성향에 반하여 다양한 형식과 일상적 재료를 사용한 작품을 주로 출품했다.
✿ 맥고: 밀짚이나 보릿짚.
✿ 무드렁사리요: 무 사세요. 장사꾼이 호랑이 소리를 흉내내어 장사를 잘하기 위해 내는 소리.

하늘은 볼 수 있는 뜰, 내 고향 내 집의 뜰을.

　나는 금년 이른 봄에 시골서 동무와 종달새 둥지를 내리려 산을 넘고 들판을 헤매어 다니다가 헛물을 켜고 돌아오는 길에 라일락을 세 포기 떠가지고 와서 뜰 안 한 구석에 심었다. 우리 시골에는 이 꽃나무가 대단히 흔하여 산마 '개똥아리' 천지다. 나는 이 강렬한 방향(芳香)을 가진 꽃이 필 때에 강을 건너 산중을 방황하는 것을 좋아하였다.

　그래서 이튿날부터 물을 주고 그것이 피기를 기다렸다. 오월! 그것은 히슴스러한 자주빛으로 피어나고 그 향기는 내 방에까지 흘러 들어와서 나의 머리를 취하게 하였다.

　지금 고향 떠나 4O일, 달을 보며 산산한 바람이 볼을 스칠 때 나는 내 가슴속에 이 뜰을 그려 보며 혼자서 생각하여 보는 것이다.

　'뜰에 심고 온 라일락이 지금은 얼마나 컸는가' 하고.

꽃 ✿

백매화

장정심, 1934.

꽃

멀리서 바라보이는 순결한 저 백매화
매화인가 동백인가 탐스런 꽃가지들
흰 꽃에 푸른 잎이란 향기 더욱 끄으오

꿀벌은 향기 따라 붕붕붕 달려오고
쌍나비 색을 따라 팔팔팔 날아오니
이 강산 자유 생활은 그대인가 하였소

적은 돌 큰 돌들이 길가에 놓였으니
둥글고 모진 것이 새긴 듯 기묘해라
어느때 뉘 손의 만들어져 이 강산에 주었소

풀포기 땅을 덮어 깁 같이 부드럽고
녹음은 병풍 되어 은근히 가렸으니
아마도 화세계라던 곳 나는 여기인가 하였소

봉선화

서덕출, 『신소년』, 1925. 7.

꽃 ✿

    우리 외가에 가서 봉선화 세 포기를 얻어다 우리집 화초분에 심어둔 날 저녁에 물을 주고 또 이튿날 아침에도 물을 주었다. 그리고 이날 저녁때였다. 물을 가지고 화초분에 주려고 하니까 어저께 심어둔 봉선화가 기운 없이 늘어뜨리고 죽은 풀 같이 되어있을 뿐이다. 아-아- 어찌하면 죽어가는 봉선화를 살려낼까 하여 물을 많이 주었으나 조금도 다름이 없다. 이날 저녁에는 다만 생각나는 것이 봉선화 살릴 생각뿐이다. 나는 이날 밤을 자고 이튿날 아침에 문을 열고 보니 비가 부슬부슬 온다. 나는 비를 맞아가며 화초분을 가보니 죽어가던 봉선화는 활발한 기색으로 팔팔 살아있다. 참으로 기쁜 일이다. 나는 이날부터 일심전력으로 길러서 아리따운 꽃 피기를 나는 바란다.

매화(梅花)와 수선(水仙) 이약이

춘정, 『별건곤』 제5호, 1927. 3. 1.

꽃 ✿

매화(梅花)

「봄」하면 매화를 연상하고「매화」하면 봄을 연상할 만큼 봄과 매화와는 깊은 인연을 갖고 있고, 동양 고유(東洋 固有)의 식물(植物)인 만큼 우리 귀에도 이름이 익어 왔습니다. 서양 시인들은 여자와 장미(薔薇)를 놓고는 시를 못 지으리만큼 여자와 장미를 노래하였다 하면 동양의 시인들은 술과 매화가 없고는 시를 지을 수가 없으리만큼 술과 매화를 읊었습니다. 그는 지나✿ 시인이 그랬고 일본 시인이 그랬고, 우리 조선의 시인들이 또한 그랬습니다. 그리고 정다운 고향을 떠나 천 리 객장에 몸을 붙인 외로운 손도 고향의 친구를 만나 고향 소식을 물을 때에는 가정의 안부보다도 뜰 앞에 심겨 있는 매화의 피고 안 핀 것을 먼저 묻고 그리운 님을 기다릴 때에도 매화 열매의 일곱 남고 셋 남고 필경은 다 떨어지는 것을 보고, 안타까운 생각이 더욱 간절하였답니다. 그뿐이 아니지요, 심지어 여항간✿ 초동목수의 지게 발목을 두드리며 부르는 속요(俗謠)에도 매화 타령이 있고, 문인 묵객 (文人 墨客)의 아호(雅號)에도 매화가 붙었으며

✿ 지나: 중국.
✿ 여항간: 시골 마을의 사회.

화류계 미인 가녀의 이름에도 매화가 붙었습니다.
이것으로 보면 매화와 인생 사이에는 얼마나
친밀한 인연이 있는 것을 알 수가 있으며. 그러고도
빈부 귀천의 상하 계급이 없이 다 같이 구경하고 상
주고 사랑하였던 것을 미루어 알 수가 있습니다.

    문인 묵객, 재자가인, 초동목수에게까지 귀염을
받고 사랑을 받는 것도 무리는 아니어서 봄이
오기가 급하다는 듯이 제일 먼저 뜰 앞에 울타리
사이에 혹은 방 안에 있는 화분에서 노랑 빛, 흰빛,
붉은빛으로 또는 한 겹 여덟 겹 화판으로 제일 먼저
맑은 향기를 싸가지고 웃음을 머금으며 봄소식을
전하는 것이 이 매화의 사명이요, 책임입니다. 그
어여쁘고 보드라운 꽃송이에서 평화스런 느낌을
일으키지 않는 이가 있다 하면. 그야말로 신경에
이상이 생기었다고 할 수밖에 없을 것입니다.
줄줄이 뻗은 가지에 진홍빛, 연홍빛의 송이송이
핀 꽃을 가인의 얼굴에 비한다면, 어여쁘기 한이
없기도 하지만 꼬불꼬불 두세 배길 커올라가
고목된 나무 외로이 선 적은 가지에 눈발을
풀풀 맞아 가면서도 하- 얀 그 꽃을 그대로 피워
향기를 뿜는 것은 군자(君子)의 절개라 하면 맑고
깨끗하기도 한이 없을 것입니다.

    그러나 매화를 꽃만 구경하는 식물로 알아서는

대 실수! 거기서 열리는 열매로는 우리 조선에서는
사탕에 젤리여 정과라는 과자로 만들고,
일본에서는 반찬으로 먹는「우메보시」도 만들고,
지나에서는 약으로 수용하고 수출하는 것이 적지
아니하며 꽃으로는 차로 달여 먹기도 한다고
합니다. 관상용 식물(觀賞用 植物)인 동시에 실용적
(實用的) 식물인 이 매화의 공뢰를 봄 오는 첫머리에
우리는 찬미치 아니할 수 없습니다.

    그러나 시에 오르고 글에 오르고 노래에
오르기까지 하야 상하 귀천이 없이 찬미하고
가꾸고 완상하던 이 매화도 지금에 와서는 생활에
쫓기는 인생들이 그를 돌아볼 여가가 없음에
인함인지 몹시 추워진 기후에 인함인지 서울로
가나 시골로 가나 별로 보기가 어렵고, 이따금 부호
집 가정의 방 꾸밈으로나 팔려 다니고, 한강(漢江)
으로부터 건너서서 남도 일대(南道 一帶) 따뜻한
지방에서 이따금 이따금 쓸쓸한 자취를 볼 수가
있을 뿐이요.「매화 매화」하고 우리 귀에 이름이
너무 익어서 그렇지 학교 교단 상에서도 매화
이약이를 하면 실물을 못 본 학생 제군들이 고개를
갸웃갸웃하는 수가 적지는 않다 합니다. 더구나
모든 자연계까지 외래(外來)의 세력에 정복을 받는
오늘에 깊이 숨어있는 화신(花神)이 있다 하면

사구라 꽃, 장미꽃, 따리아 꽃필 제마다 얼마나 얼마나 옛날을 그리워하며 울고 돌아다니는지도 알 수가 없을 것입니다.

수선(水仙)

수선(水仙)! 수선이라 하면 이름은 맑은 물속의 신선이나 연상하는 듯 듣기에는 그럴듯합니다마는 어쩐지 매화처럼 그렇게 우리에게 친밀성(親密性)이 없는 것 같고. 시골 계신 인사들은 이름조차 얼른 알아듣기가 어려울 것 같습니다. 그러나 도회에 계신 분은 화초 파는 지나인의 꽃전✿을 찾아가 보십시오. 유리창 밖에는 백설이 풀풀 날리어 「아직도 겨울이다.」하는 바람 소리가 휙휙 하며 귀밑을 치는 때라도 유리창 한 겹을 막혀 있는 그 꽃전 안에는 「벌써 봄이 왔소이다.」하고 빙그레 웃는 수선 꽃이 피어오르는 것을 반드시 볼 수가 있으리이다.

보기에도 보드랍기 한에 없는 잎사귀가 세 잎 네 잎 갈라진 사이에 옥으로 새겨 붙인 듯한 흰 화판. 화판 속에 샛별같이 반짝이는 꽃술! 예전부터

✿ 꽃전: 꽃을 벌여 놓고 파는 가게.

꽃 ✿

금잔은대(金盞銀臺)✿라고 일컬어 내려온 것도 이치
있는 말이오. 수반(水盤) 속 조약돌 위에 백옥같이
깨끗하고도 통통한 살덩이를 걸쳐 앉히고 연마한
삼실같이 가늘고도 흰 뿌리를 물속에 뻗치고 있는
그 모양 그 자태야말로 수중의 신선(水中의 神仙)
이라 하여도 과언이 아닐 만큼 어여쁘고도 고상해
보입니다. 게다가 파(葱)나 마늘같이 맵거나 노린
냄새도 없고 다만 어디까지고 고상우아(高尙 優雅)
한 향내가 고요히 주위에 움직이는 것이 이 꽃의
특색이므로 문인 묵객에게도 어지간히 사랑을
받아왔고, 일반사람에게도 무던히 귀염을 받는다
합니다.

 수선이 조선에 들어온 지는 언제 어느
때부터인지 자세히 알 수가 없으나 그것이
일반으로 이름조차 모르는 이가 많은 것을 보면, 이
꽃이 조선을 찾아온 지도 그렇게 오래된 일은 아닌
듯하고, 원래 지나 양자강 남쪽 따뜻한 지방에서
많이 나는 화초이므로 지나인은 이것을 사랑할
뿐만 아니라 특별히 잘 배양하는 기술이 있으므로
이와 같이 이른 봄철 눈발이 오히려 날리는
때에도 그의 꽃 모양이 지나인 상점 머리에서

✿ 금잔은대(金盞銀臺): 생김새가, 노란 꽃은 금잔 같고 하얀 꽃잎은 은잔대 같다는 데서, '수선화(水仙花)'를 이르는 말.

가끔가끔 지나가는 사람의 눈을 즐겁게 하여 준다 합니다. 그러나 어찌 보면 보드라운 그 모양에는 부끄러움을 머금은 듯도 하지만 그보다는 어여쁜 얼굴에 잔 수심을 품고도 있는 듯 아마 떠나온 옛 나라의 묵은 봄빛을 그리워서 그러는 것인지도 알 수가 없습니다.

꽃 ✿

금잔화(花)

황석우, 『자연송』, 1929. 11. 19.

꽃 ✿

자줏빛 바탕에
노란 주둥이의
꽃잎 오므라진
금잔화(花)는
나무들의
아리따운 풀 향기(香氣)를 부어 마시는 그 고운
잔(盞)이랍니다

백합화단

백신애, 1934. 4.

꽃 ✿

한적한 농촌 전후좌우가 모두 ○○황야이다.

인가가 먼 ○○황야의 외딴 집. 이 집 현관우편(玄關雨便)에다 원형으로 만든 두 개의 화단. 이 화단에다가 내가 가장 사랑하는 꽃 백백합을 심는 것은 봄이 오면 나에게 가장 즐거운 일 중 하나가 되게 한다.

많고도 많은 꽃들 중에서 구태여 자미✿없이 생긴 꽃 백합이리요마는 별 기교도 별 묘미도 없게 생긴 그 고아한 자태가 나는 말할 수 없이 좋다는 것이다. 그러므로 꽃이라면 백합이요, 백합 이외의 꽃은 모두 무시하는 나이다. 바라보면 바라볼수록 그윽하고 깊은 아름다움이야 '로단✿'이 아닌 나로서도

"저 꽃의 순수를 어떻게 묘사하리요."

하는 예술가적 명언을 하게 하는 것이다.

백합화에 대한 나의 욕심을 말한다면 맑은 계곡물이 흐르는 심산유곡(深山幽谷)에 일○옥(一○屋)을 짓고 온 산골에 백백합을 심어 고아하고 청초한 그 자태들을 바라보며 조용히 뿜어 보내는 그윽한 그 향내가 온 몸뚱이에 배어 넘치도록 만끽하고 싶은 것이다.

✿ 자미: 모양을 내어 아양을 부림.
✿ 로단: 로댕. 프랑스의 조각가(1840~1917).

그러나 이 욕심은 봄날 따뜻한 볕에 나른하여진 나의 턱없는 현상에 불과한 것이다.

원하건데 단 한 포기 백합이나마 평생 끊임없이 길러보고 싶을 뿐이다. 어느 때부터 이렇게도 백합을 좋아하게 되었는지는 나로서도 기억하지 못할 일이고 어린 그때부터이다.

보통학교에 다닐 때 자유선제(自由選題)로 그림을 그리라든지 ○○을 하라면 반드시 백합을 그리는 것이었다. 이것도 한 번 두 번이 아니었으므로 선생은 몇 번이나 주의시켜 주었던 것이 생각난다.

커서도 늘 변함없이 백합화를 좋아하여 그 어느 때 중국영화에 '퍼스트 씬'에 무척 보기 좋은 백합이 나타나자, 시커먼 악마의 손이 내려와서 그 보기 좋은 백합을 움켜쥐고 마는 것을 본 ○에 나는 내 자신이 그 무서운 소름에 찢긴 것 같이

"악!"

소리를 치고 말았다. 곁에 사람들이 모두 돌아봄으로 무척 부끄러웠던 일도 생각난다.

내가 동경에 있을 때 은좌(銀座)✿로 물건을 사러 갔다가 자생당(資生堂) 꽃가게에서 아주

✿ 은좌(銀座): 긴자. 일본 간토(關東) 지방 도쿄 도(東京都)에 있는 번화가.

꽃 ✿

잘 핀 백합화분 하나를 쇼윈도에 내어 놓은 것을 보았다가 그만 두 발바닥이 그 쇼윈도 앞에 딱 들러붙어 떨어지지가 않았다. 한 손을 포켓에 넣어 지갑 속을 샅샅이 헤아려 보았으나 화분 옆에 써 놓은 정가삼원○(正價參圓○)을 맞추어 낼 수가 없었다. 배고픈 거지가 맛있는 음식을 바라보듯 삼원(參圓)이란 돈이 들어 있지 않는 내 지갑을 빡빡 켜서 버리고 싶었다.

그 이튿날 학교에서 돌아오는 길에 일부러 멀리 은좌(銀座)를 들러 한번 더 그 꽃을 구경하려 하였으나 그 때는 벌써 그 아름다운 백합은 쇼윈도에서 사라지고 말았다. 나는 패군지졸(悖君之卒)같이 몹시 쓸쓸하였다.

다행히도 몇 년 전부터 이 넓은 농촌에 살게 되자 내 마음은 끝없이 기뻤던 것이다. 뜰이 넓고 빈 땅이 많으니 내가 좋아하는 그 백합을 ○없이 많이 가꾸어 볼 수가 있게 됨이다. 지난해 봄에 주문하여 온 백합의 구근은 그리 많지 않았으므로 겨우 현관우편(玄關雨便) 둥근 화단에 ○서(○書)을 식히고 다른 빈 곳에는 코스모스만을 심었다.

코스모스를 심은 뜻은 백합이 필 때 다른 잡꽃이 같이 피는 것을 싫어한 것이다. 금년에는 코스모스 대신으로 국화를 심으리라고 생각한다. 국화가 아름다워서 심으려는 것이 아니라 좋은 모종을 돈 들이지 않고 얻을 수가 있으므로 빈 데에 심으려는 것이다. 빈터를 그대로 두면 볼 때마다 백합을 더 심고 싶어지는 까닭이니 백합을 더 심으려 해도 돈이 드는 까닭에 부득이 한 수단이다.

이뿐 아니라 잎을 보는 식물로서는 내가 좋아하는 식물이 많으나 화단에 쓸 돈이라면 단 일전이라도 백합을 위하여 쓰고 싶다.

작년 가을에 백합구근을 파내어 따뜻한 지하실에 들어가 보았다. 행여나 얼어 죽지나 않을까 하여. 그러나 염려한 탓인지 한 개도 상하지 않았었다.

어제는 날씨도 몹시 따뜻함으로 올해의 화단을 만들 생각이 솟아났다. 아침을 마치고 괭이와 호미로 단단해진 화단을 갈기 시작했다. 작년에는 멋모르고 비료를 너무 많이 넣었으므로 금년에는 유박(油粕)만을 넣기로 하여 등에 축축이 난 땀을 말릴 생각도 하지 않고 오정이 될 때까지 화단을 전부 ○리(○理)하였다.

잇따라 지하실에서 구근을 파내어 한 개씩 검사한 후 땅을 파고 심으려 했다. 한 개 또 한 개 심어갈 때 내 코끝에다 고아한 백합의 향내가 무르녹아 퍼지고 이 구근에서 한 치 두 치 커 올라

꽃 ✿

그렇게 아름다운 나의 백합이 필 것을 생각하며 부드러운 바람이 이마의 땀을 식혀 주는 것도 모르고 잔등에서는 한결같이 촉촉하게 땀이 새어나왔다.

이번은 너무 드물게 심은 탓인지 화단에 다 심고도 세 개가 남았다. 나는 이 세 개의 구근을 심을 곳을 찾아 이리저리 둘러보았다. 둘러보면 볼수록 심사가 났다. 저 빈 땅에 모두 백합을 심지 못하는 것이 안타까웠다.

이윽고 여기 심을까 저기 심을까 하고 생각하다가 갑자기 무척 배가 고픈 것이 생각났다.

"에이 고라 사—."

나는 세 개의 귀중한 나의 백합의 구근을 ○야(○野)를 향하여 팔매질 쳤다.

○야(○野)에는 보리(대맥(大麥)) 모종이 내 시선이 끝나는 곳까지 시원스러울 만치도 넓게 넓게 파릇파릇하여 있었다.

"아—아! 저것이 모두 백합 강이었으면!"

나는 괭이를 집어 이때까지 모든 정성을 다하여 심은 화단을 힘껏 내려 파 제쳤다.

"저 애가 미쳤나? 왜 또 파 제쳐?"

어머니의 목소리다.

"꽃은 심어 무엇 해— 요까짓 조그만 데다가

이제는 죄다 보리를 심을 테야―."

"보리?…"

나는 대답도 하지 않고 집 안으로 튀어 들어왔다. 넓은 보리밭들에 비하여 너무나 적은 나의 화이었다. 그 조그마한 화단 위하여 반일을 넘어 꼬물꼬물한 환상에 잠겨져 있었던 것이 너무나 속세적이었음이 가소로웠던 것이다.

꽃 ✿

적은 꼿들의 아츰인사(人事)

황석우, 1929. 11. 19.

꽃 ✿

조그만 오랑캐꽃과

그보다 더 작은 꽃들은

아침의 들에서 자는

내 새끼 안부(安否) 알아오는 듯한

미풍(微風)의 얼굴을 쳐다보면

마루 밑에서 잠 깨어

내 주인(主人) 내다보고 두 다리 모으고

기지개 펴며 선하품 짓는

강아지가 앙알거리며 꽁지 흔들 듯

풀 가지 밑과

나무 밑 그늘에서

잠 서린 얼굴로

머리 달래달래✿ 흔들며

귀엽게 허리 재여 인사(人事)합니다

✿ 달래달래: 단출한 몸으로 간들간들 걷거나 행동하는 모양.

화원

장정심, 1934.

꽃

조운에 비쳐 보이니
향기 더욱 새락하오
모우에 적셔 내니
잎 잎 더욱 청 청하오

봉오리 꽃들은
한편에서 미소하고
만개한 꽃들은
한편에서 꽃비 날리오

붉은 꽃송이 황금 수염 속에
천사 같은 저 나비들
단꿀 속에 들락날락
꽃에 반해 떠날 줄 모르오

꽃을 사랑하던 나의 손은
꽃을 꺾지를 못하였소
꽃을 사랑하던 나의 발은
꽃을 밟지도 못하였소

화초(1)

이효석, 『인문평론』, 1940. 8.

꽃

　꽃 가게에서 꽃을 사 들고 거리를 걸으면 길 가던 사람들이 누구나 다 그 꽃 묶음을 부럽게 바라본다.

　나는 사람들의 그 눈치를 아는 까닭에 꽃을 살 때에는 반드시 넓은 종이에 묶음을 몽땅 깊게 싸도록 꽃 주인에게 몇 번이고 거듭 청한다. 그러나 요새는 종이가 귀해서 길거리의 꽃 장수는 물론이요 큼직한 꽃 가게에서도 전에는 파라핀지나 그렇지 않으면 특비(特備)의 포장지에다 싸주던 가게에서도 신문지를 쓰게 되었고 그것조차 넓은 것을 아껴서 좁은 토막 종이로 대신하게 되었다. 아무리 잘 싸달라고 졸라도 대개 꽃송이는 밖으로 내 드리우게 밖에는 되지 않는다.

　자연 사람들의 시선을 받게 된다. 전차를 타도 보도를 걸어도 사람들은 염치없이 꽃 묶음에 눈을 보낸다. 아이들은 그 한 가지를 원하기까지 한다. 꽃을 사람에게 보임이 조금도 성가시거나 꺼릴 일은 아닌 것이나 번거로운 시선을 한 몸에 받게 됨이 결코 유쾌한 일은 못 된다. 고집스런 눈을 받을 때에는 귀찮은 생각조차 든다.

　그러나 이는 반가운 일이다. 사람들은 꽃을 사랑하는 것이다. 보기를 좋아하고 가지기를 원하는 것이다. 그것이 누구의 것이든 그 아름다움에 무의식 중에 눈을 끌리우게 되고 염치없이 바라보게 되는 것이다. 아름다운 까닭으로이다.

꽃을 좋은 줄 모르고 짓밟아 버리고 먹어 버림은 돼지뿐이다. 돼지는 꽃을 사랑할 줄 모른다. 돼지만이 꽃을 사랑할 줄 모른다.

세상의 뭇 예술가여 안심하라. 사람들은 누구나 꽃을 사랑할 줄 알고 아름다운 것을 분별할 줄 아는 것이다. 이 천성은 변할 날이 없을 것을 단언하여도 좋다.

돼지에게까지 꽃을 알리려고 하지 않아도 좋은 것이며 그 노력이 실패 되었다고 슬퍼할 것도 없는 것이다.

대조(大朝)의 D씨가 하룻밤, 꽃 묶음을 들고 찾아왔다. 처음 방문이라 선물로 가져왔던 모양이었다.

해바라기, 간드랭이, 야국, 야란(野蘭) 등의 길게 꺾은 굉장히 큰 한 묶음이다.

신문인이라 신문지쯤 아낄 것 없다는 듯이 사면전폭(四面全幅)에 싼 것이나 오히려 종이가 좁다는 듯 꽃은 화려한 반신을 지폭(紙幅) 밖으로 드러내고 있다. 그것을 심을 화병은 세상에 없을

꽃 ✿

법하다. 회령자기(會寧磁器)✿인 조그만 물빛
항아리를 내다가 꽂으니 그 화용(華容)이 거의 창의
반면을 차지하게 되었다.

"뜰의 것을 꺾어 왔답니다."

나는 그 말에 놀랐다. 그의 집 뜰이 얼마나
넓은지는 모르나 그도 도회인이라 가게에서 오히려
사들여야 할 처지에 뜰 어느 구석에서 그 많은
꽃을 아끼지 않고 꺾어 냈단 말인가. 그 흐붓한✿
가지가지의 꽃을 꺾어 낼 때 조금도 아까운 생각이
없었단 말인가.

"원, 저렇게 많이 꺾어 내다니."

"워낙 흔하게 피어 있으니까요."

그때 방에는 조그만 화병에 코스모스와
시차초의 한 묶음이 꽂혀 있었으니 물론 거리에서
사온 것이었다. 집에도 코스모스, 시차초뿐이
아니라 프록스, 샐비어, 금잔화, 백일홍, 봉선화
등이 피어는 있다. 그러나 나는 그 한 송이도 꺾어
내기를 아껴 한다. 병에 꽂은 것은 대개 밖에서
사온다. 아이들이 꽃 한 송이를 다쳤다고 얼마나
호되게 꾸짖고 책망하는지 모른다.

D씨가 꽃을 사랑하지 않을 리는 만무한 것이요,

✿ 회령자기(會寧磁器): 도자기의 일종으로 회령 지역 풍토에 맞게 발전된 도자기.
✿ 흐붓한: 흐벅진. 탐스럽게 두툼하고 부드러운.

사랑하니까 선물로도 가져온 것임을 아는 것이나 흔하게 피어만 있으면 그렇게 듬뿍 꺾어 낼 수 있는 것인지 어쩐지 나는 그의 그 대도(大度)의 아량이 부러워 견딜 수 없다. 한꺼번에 그렇게 듬뿍 꺾어 내고도 아까워하지 않는다니!

내게 만약 수 백 평의 뜰이 있어 그 속에 백화가 지천으로 피어 있다고 치더라도 나는 동무에게 선사할 때 그 값어치를 거리에서 사가면 사갔지 뜰의 것을 꺾어 낼 성부르지는 않다.

나는 욕심쟁이인 것인가. 인색한인 것일까.

꽃 ✿

들국화 한 가지

황석우, 1956. 6.

꽃 ✿

눈,
웃음 짓는
깨끗한 고운 모습이여!

들국화의 매력(魅力)에
발길 돌리기 안타까워
덥벅 대들어
꽃 한 가지를 꺾었네.

미녀(美女)를 사로잡듯이
그 꽃 가지를
젊으나 젊은 벗에게 보냈다네.

그리고는
그 젊은 벗의 행복(幸福)을 빌었다네.

창포화(菖蒲華)

미상, 『조선일보』, 1926. 5. 11.

꽃 ✿

　첫 여름 물이 잔잔히 흐르는 간수✿가 와 마을에 괴인 연못 위에 푸른 잎 어우러진 사이에 곱게 핀 자색(紫色)빛 꽃.

　이것은 창포(포창(蒲菖))꽃입니다.

　불란서에서는 이 꽃을 왕실의 문장(紋章)으로 썼다하니. 마치 우리 조선왕실에서 이화(李花)✿로 문장을 삼고 일본에서 국화(菊花)로서 문장을 삼는 것이나 다름없습니다.

　이것은 불란서 국민의 특성인 타는 듯한 예의(銳意)와 열심(熱心)을 대표한 것인 듯합니다. 또한 독일에서도 도촌가에서는 지붕에 이 꽃을 심는 재미스러운 풍속이 있답니다.

　이뿐 아니라 구미 각국에서는 일반으로 전당(殿堂)에 이 꽃을 아로새기고 장식하는 풍습이 있으니. 이것은 그 고운 빛과 순순한 향기만을 취함이 아니라 그 가운데에 들어있는 열성을 의미함이라 합니다.

　또한 창포는 사자(使者)를 의미하는 것이니.

　옛날 여러 꽃을 한자리에 모아놓고 무지개(홍(虹))

　제사(제(祭))를 차렸답니다. 여러 꽃은 모두 아름다운 새 옷을 입고 왔으나 그 중에서 청의(靑衣)

✿ 간수: 골짜기에서 흐르는 물.
✿ 이화(李花): 자두나무의 꽃.

를 입은 창포꽃이 더욱 뛰어나게 고았답니다.

그러나 이 귀여운 꽃의 이름을 아는 이가 하나도 없어 곁에 있던 어느 꽃이 창포를 향하여 「저 분이 입은 의복은 꼭 무지개와 같이 아름답다」 하였더니. 말이 막 끝나자 비가 퍼붓고 비가 그치며 황홀한 무지개가 섰답니다. 여러 다른 꽃은 이것을 보고 놀라 「Iris(홍(虹)) 무지개의 사자」라 이름을 지어 주었답니다.

꽃 ✿

노인(老人)과 꽃

정지용, 『백록담』, 1941.

꽃 ✿

　　노인이 꽃나무를 심으심은 무슨 보람을
위하심이옵니까.

　　등이 곱으시고 숨이 차신데도 그래도 꽃을
가꾸시는 양을 뵈오니, 손수 공들이신 가지에
붉고 빛나는 꽃이 맺으리라고 생각하오니, 희고
희신 나룻이나 주름살이 도리어 꽃답소이다.
나이 이순을 넘어 오히려 여색을 기르는 이도
있거니 실로 누하기 그지없는 일이옵니다. 빛깔에
취할 수 있음은 빛이 어느 빛일는지 청춘에 맡길
것일는지도 모르겠으나 쇠년에 오로지 꽃을
사랑하심을 뵈오니 갸륵하시게도 정정하시옵니다.

　　봄비를 맞으시며 심으신 것이 언제 바람과
햇빛이 더워 오면 곧은 꽃봉오리가 촉 켜듯 할
것을 보실 것이매 그만큼 노래의 한 계절이 헛되이
지나지 않은 것이옵니다. 노인의 고담한 그늘에
어린 자손이 희희하며 꽃이 피고 나무와 벌이 날며
닝닝거린다는 것은 여년과 해골을 장식하기에
이렇다 화려한 일이 없을 듯 하옵니다.

　　해마다 꽃은 한 꽃이로되 사람은 해마다
다르도다.

　　만일 노인 백세후(百歲後)✿에 기거하시던

✿ 백세후(百歲後): 사람의 죽은 뒤를 높여 이르는 말.

창호가 닫히고 뜰 앞에 손수 심으신 꽃이 난만(爛熳)할 때 우리는 거기서 슬퍼하겠나이다. 그 꽃을 어찌 즐길 수가 있으리까. 꽃과 주검을 실로 슬퍼할 자는 청춘이요 노년의 것이 아닐까 합니다. 분방히 끓는 정염이 식고 호화롭고도 황홧한 부끄럼과 건질 수 없는 괴로움으로 수놓은 청춘의 웃옷을 벗은 뒤에 오는 청수하고 고고하고 유한하고 완강하기 학과 같은 노년의 덕으로서 어찌 주검과 꽃을 슬퍼하겠습니까. 그러기에 꽃이 아름다움을 실로 볼 수 있기는 노경에서일까 합니다.

멀리 멀리 나 ―
땅끝으로서 오기는 초뢰사(初瀨寺)✿의 백목란
그중 일점 담홍빛을 보기 위하여.

의젓한 시인 포올 클로오델✿은 모란 한 떨기 만나기 위하여 이렇듯 멀리 왔더라니, 제자 위에 붉은 한 송이 꽃이 심성의 천진과 서로 의지하며 즐기기에는 바다를 몇 식 건너온다느니보다 미옥

✿ 초뢰사(初瀨寺): 일본 나라현에 있는 절.
✿ 포올 클로오델: 폴 클로델. 프랑스의 시인, 극작가, 외교관.

(美玉)과 같이 탁마(琢磨)✿된 춘추(春秋)✿를 지녀야 할까합니다.

    실상 청춘은 꽃을 그다지 사랑할 바도 없을 것이며 다만 하늘의 별, 물 속의 진주, 마음속의 사랑을 표정하기 위하여 꽃을 꺾고 꽂고 선사하고 찢고 하였을 뿐이 아니었습니까. 이도 또한 노년의 지혜와 법열(法悅)을 위하여 청춘이 지나치지 못할 연옥(煉獄)✿과 시련이기도 하였습니다.

    오호(嗚呼) 노년과 꽃이 서로 비추고 밝은 그 어느 날 나의 나룻도 눈과 같이 희어지다 하노니 나머지 청춘에 다시 설레나이다.

✿ **탁마(琢磨)**: 옥이나 돌 따위를 쪼고 갊. 학문이나 덕행 따위를 닦음을 비유적으로 이르는 말.
✿ **춘추(春秋)**: 어른의 나이를 높여 이르는 말.
✿ **연옥(煉獄)**: 『가톨릭』 죽은 사람의 영혼이 천국에 들어가기 전에 남은 죄를 씻기 위하여 불로써 단련받는 곳.

천홍화(天紅花)

노자영, 「무제록」, 『삼천리』 제3권 제10호, 1931. 10. 1.

새빨간 꽃—

바로 심장에서 솟아 나오는 핏빛보다도 더 빨간 꽃—

동리(洞里) 집에 가 가져온 천홍화...

별로 기쁜 일이 없이 그날그날을 보내던 나는 새삼스럽게 그 꽃을 보고 어린애처럼 기뻐하였었다.

줄기와 잎사귀는 하늘빛보다도 더 세련된 고운 초록빛—

그 위에 핏빛 같은 봉오리가 잡담스러히 웃고 있는 모양—

어떤 평화주의(平和主義)의 설교를 듣는 이보다 또는 많은 애(愛)의 전도(傳道)를 듣는 이보다 이 청초한 꽃 한 포기를 보는 것이 더 힘 있지 않을까 하였다.

나는 그 진홍(眞紅)의 꽃을 보고 있으면 어느덧 나의 마음은 그 꽃같이 붉어지고 젊어지고 향기로워지고 청담(淸淡)해지는 것 같다.

하늘에는 별. 땅에는 꽃—

그렇다.

「로–단」✿도「꽃을 항상 사랑하는 사람은 그 마음에 근심이 없다.」하지 않았는가?

✿ 로–단: 로댕. 프랑스의 조각가(1840~1917).

열매

열매 ⓞ

송고(松高)의 사과밭

문일평, 「가을의 유혹(誘惑), 가을이면 내가 가는 숨은 명소는 어디어디」, 『동광』 제38호, 1932. 10. 1.

열매

　송고(松高) 정문(正門)을 나서면 바로 맞은편에 나지막한 고개가 보인다. 그 고개를 넘어서 풀 언덕의 좁은 길로 얼마쯤 가다가 궤딱지 같은 오막살이 한두 집을 지나 몇 발걸음을 더 옮겨 놓으면 산기슭에 으늑하게 놓인 과수원이 있으니 이것이 곧 이름 높은 송고(松高)의 사과밭이다.

　언덕을 사이에 두고 웃밭에는 홍옥이란 사과요 아랫밭에는 미국종(米國種)의 사과인데 이 미국종(米國種)이야말로 천하일품이다. 연하고 향기로운 것은 황주(黃州)◉ 사과 비슷하나 달고 수분이 많은 것은 이 미국(米國) 사과만이 가진 독특한 풍미며 또 그 알이 보통 사과보다 굵고 큰 놈은 일백십 몬메◉ 되는 것이 있다.

　여기 맛 들인 나는 날마다 하학◉만 하면 곧 이 사과밭으로 달려간다. 혼자 갈 때도 있고 혹은 한두 동무를 데리고 갈 때도 있다.

　사과밭이 그리 깊지는 않으나 앉으면 넉넉히 몸이 감추이고 개성시가(開城市街)가 지척이나 인적이 이르지 않으므로 고요하기 태고(太古)와 같다. 다만 여기저기서 울어오는 풀벌레 소리와

◉ 황주(黃州): 황해도 황주군.
◉ 몬메: 일본 옛 돈의 단위.
◉ 하학: 학교에서 그날의 수업을 마침.

산새 소리가 귀를 어지를 뿐이다.

    가을볕에 귀밑이 밝해진 잘 익은 놈을 지점(指點)해 가면서 이것을 따오라 저것을 따오라 하는 것도 퍽 흥취 있는 일이로되 혓장단을 치며 배불리 먹은 뒤에 다시 얼마를 더 싸가지고 돌아오는 것은 더욱 풍치 있는 일이다.

    송고(松京)에는 명승고적이 많다. 채하동(彩霞洞)◎의 꽃이며 만월대(滿月臺)◎의 달이 어느 것이 맘을 끌지 않으련마는 그래도 가을이면 꼭 한번 가고 싶은 곳은 송고(松高)의 사과밭이다.

◎ 채하동(彩霞洞): 개성시 고려동의 북쪽에 있는 마을.
◎ 만월대(滿月臺): 개성시 송악산 남쪽 기슭에 있는 고려의 왕궁 터.

열매 ◎

상수리와 박

정명남, 『조선일보』, 1937. 10. 3.

열매 ◉

　가을입니다.
　보퉁이◉ 걸메고 지팡이 끌며 나그네가 길을 겁니다.

　앞뒤 산에는 단풍이 곱게곱게 물들어있고 묵직이 고개를 숙인 벼 이삭은 쓰러질 듯이 탐스러웠습니다. 밭에는 목화가 송이송이 하얗게 피었고 배를 불룩 내밀어 곧 튀어 쏟아질 듯 영근 콩밭은 누-랬습니다.

　나그네는 둘레둘레 풍성한 가을 풍치를 바라보며, 산비탈을 내려와서 밭둑길을 더듬고 논둑길을 지나 언덕에 올라섰습니다.

　거기에는 아름드리 커다란 참나무가 있었습니다. 나그네는 좀 쉴 양으로 참나무 아래에 가서 펄석 주저 앉았습니다.

　헌데, 바로 그 옆에 박 넝쿨이 뻗어있고 둥그스름하고 커다란 참말 커다란 박이 한 개 달려 있었습니다. 박을 한참 구경하다가 나그네는 무심히 고개를 젖혀 참나무를 쳐다보았습니다. 참나무에는 쪼고마

◉ 보퉁이: 물건을 보에 싸서 꾸려 놓은 것.

한 콩알보다도 별로 더 크지 않은 상수리(도토리)가 수없이 중얼중얼 달려있었습니다.

"이것 봐라 우습고나야!"

무엇을 보았는지, 어떤 일을 생각했는지 나그네는 갑자기 눈이 휘둥그레 가지고 중얼댔습니다.

"요 아름드리 커다란 참나무에는 눈에 뜨일 둥 말 둥한 쪼고마한 열매가 붙고 실오라기 같은 박 넝쿨에는 주체 못 할 커다란 열매가 맺고… 인자 보니 참 우습고나야. 커다란 참나무에는 박 덩이 같은 역시 커다란 열매가 달려야 옳을 게고, 연약한 넝쿨에는 도토리 같은 잔놈이 열려야 할 게 아닌가? 그래야 격이 맞을 건데… 하하하 우습고나야." 하고 껄껄껄 웃어댔습니다. 마치 박이나 상수리를 처음 보는 사람 모양으로…

그리다 나그네는 꾸벅꾸벅 졸기 시작하였습니다. 길 걷기에 몹시 고단했던 것이겠지요.

그때 갈바람이 우수수 참나무를 스치자
상수리가 한 개 도라빠져서 졸고 있는 나그네의
머리 정 바로 떨어졌습니다.

뚝 딱

"엣 뜨거!"

엉겁결이라 나그네는 머리를 오므리며 깜짝
놀라 펄석 뛰었습니다. 공교롭게도 상수리는
나그네의 골통을 맞추었던 것입니다.

"야– 큰일날 뻔했구나. 도토리라 다행이었지
만일 아까 내가 중얼거리던 대로 참나무에 정말
커다란 열매가 붙어있었다가 떨어졌더라면 내
골통을 깨트렸을 것을…"
　상수리에 얻어맞은 곳이 가려웁던지 한참
부비다가 나그네는 또다시 보통이를 걸메고
지팡이를 끌며 길로 나섰습니다.

햇보리밥

권태응, 『공일날』, 1950.

열매

강낭콩 따다가 보리밥에 놓고
감자를 후벼다가 지지고 볶고
오이 호박 따다가 맛나게 무치고,

병원에 아파 누신 일갓집 할머니
한 상 차려 이고서 찾아뵈러 가자.
모두 햇것 햇농사 달게 달게 잡숫게.

고향의 여름

노자영

1

내가 평양서 여름방학을 하고 돌아온 다음 날이었다. 나는 아침에 일찍 일어나 집 옆에 있는 채소밭으로 나가 보았다. 한쪽에는 오이 넝쿨이 이리저리 뻗어서 손바닥같이 넓은 잎사귀가 너울너울 움직인다. 그 잎사귀에는 진주알 같은 이슬이 대글대글 달려있다. 들 앞 느티나무 아래서는 레그혼 닭이 날개를 치며 울고 있다. 이웃집 박 서방 집에서는 '엄매'하는 송아지 소리까지 들렸다.

"한가한 산촌이군!"

나는 복잡하던 평양시가를 생각하며 매우 마음이 유쾌하였다. 또 닭이 날개를 치며 목을 늘이고 기운껏 운다.

"내가 봄에 학교에 갈 때에 겨우 깨운 놈이 벌써 저렇게 커서 날개를 치며 울고!"

나는 매우 신기하여 그놈을 한창 바라보다가 다시 오이 넝쿨을 둘러보았다. 팔뚝 같은 오이가 주렁주렁 달려서 마치 대지를 베개하고 아침 꿈을 아직도 깨지 않은 것 같았다. 나는 탐스럽고 만족한 마음에 그 오이들을 만져보다가 다시 저쪽 감자밭으로 갔다. 파란 넝쿨이 어린애 더벅머리

같이 엉키어 땅이 잘 보이지 않았다. 나는 넝쿨을 제치고 감자알을 손가락으로 파보았다. 주먹 같은 감자들이 파면 팔수록 데굴데굴 굴러 나왔다.

"이런 신통하고 기쁜 일이 어디 있는가?"

내가 평양으로 가기 전에 이 감자들은 내가 손수 심은 것이었다. 바지를 걷고 저고리를 벗어 제치고 손수 괭이를 들고 머슴과 어머니와 나와 이렇게 셋이서 반나절 동안이나 감자를 심은 것이다.

"얘야 좀 쉬렴!"

어머니가 약골로 할딱할딱하는 나를 보시고 조금 애처로워서 이렇게 말씀하면

"괜찮습니다. 일도 해보니까 재미가 나는걸요! 뭐 고까짓 것하고 쉬긴 뭘 쉬어요?"

"애가 강단은 있어서…"

어머니는 귀여워서 나를 보시고 빙긋이 웃으셨다. 이렇게 셋이서 봄철에 심은 감자가 벌써 주먹같이 크게 열렸다는 것은 매우 유쾌하고 신기한 일이었다.

"이런 신통한 일이 어디 있나. 불과 석달 동안에 이렇게 컸다니…"

나는 혼자 중얼거리면서 무슨 기적이나 발견한 듯이 서늘한 만족을 느꼈다. 감자를 원래 그렇게 좋아하지는 않지만 먹는 것보다 캐는 재미가 더 좋았다.

열매

나는 주섬주섬 감자를 한 웅큼이나 캐어 놓았다.

"병길(炳吉)아! 너 뭣하니? 감자는 그만 캐! 더 크거든 캐야지!"

어머니가 밭으로 나오시며 이렇게 부드러운 목소리로 불렀다.

"앵이, 캐는 재미가 퍽 좋아요. 벌써 이렇게 주먹같이 컸어요. 호호"

"참 벌써 꽤 컸구나 주먹 같은데!"

"나 이거 삶아 줘요. 어머니 설탕도 사왔으니… 네"

내가 이렇게 어리광을 피우니까

"그래라 원 먹지두 잘 않으면서…"

어머니는 다시 집에서 소쿠리를 갔다가 그 감자를 담아가지고 들어가셨다. 나는 이 사이에 뜰 앞에 있는 개천으로 내려갔다. 감자를 캐느라고 눈썹 같이 검어진 손을 깨끗이 씻고 다시 얼굴을 씻고 시내 옆 돌무덤에 앉았다. 시내에는 조그만 송사리들이 꼬리를 치며 왔다갔다하고 꾸구리, 갈메리, 가재들이 한가하게 논다. 시내 저쪽에는 내가 어려서부터 보던 버드나무 가지만 숫처녀의 머리카락같이 길길이 늘어진 몇 천 오라기의 버들가지가 물에 닿을락 말락하게 덮여있다. 그리고 좌우에는 우리동네의 유명한 느티나무들이 열을 지어 서있다. 그 무성한 잎사귀가 하늘을 가리우고 그 사이로 조금씩 비쳐내리는 아침 햇빛이 금실 오라기같이 물 위에 흘러간다. 매미가 몇 마리 울더니 그만 그치고 조금 후에 까치란 놈이 와서 깍깍하고 울고 있다. 다시 저쪽에는 꾀꼬리가 흘러가는 물소리같이 꾀꼴꾀꼴하고 울고 있다. 건너 마을 정 서방 집 당나귀가 하품하듯이 우는 소리가 들린다.

열매 ⊚

도토리들

권태응, 『감자꽃』, 1948.

열매

오롱종 매달린 도토리들,
바람에 우루루 떨어진다.

머리가 깨지면 어쩔라고
모자를 벗고서 내려오나.

날마다 우루루 도토리들,
눈을 꼭 감고서 떨어진다.

아기네 동무와 놀고 싶어
무섭도 안 타고 내려온다.

◉ 오롱종: 오롱조롱. 한데 모여 있는 작은 물건 여럿이 생김새나 크기가 제각기 다른 모양.

작은 새와 열매

허민, 1938. 3. 15.

열매 ⓞ

늦은 가을, 깊은 산 어느 곳에 팥배 열매가 붉게
익어 있었답니다.

작은 새 한 마리가 와서

"팥배나무님 고운 당신의 열매 하나만 주세요."

라고 청을 하였습니다. 팥배나무는 마음
훌륭하게

"무엇하시럄니까."

물으니 아주 힘없이

"배가 고파서요."

이렇게 대답하였습니다.

마음 착한 팥배나무는 주렁주렁 열린 아름다운
열매 가운데에서 가장 고운 것을 주었습니다.

작은 새는 하도 부끄럽고 고마워 고운 목소리로
노래를 불러 드린 뒤에 그것을 물고 갔습니다.

비가 한 번 오고 바람이 한 번 불면 산속에
자라나는 여러 나무나 풀잎들은 모두 붉고
누른빛으로 물들어 갔습니다.

몇 날이 지난 뒤 작은 새는 또 와서 배고프다고
열매 하나를 청하였습니다.

두말없이 팥배나무는 주었습니다.

토끼가 지나가고 먼 데서 노루가 울고
작은 새들도 날이 점점 추워옴을 마음 아프게
재재거리었습니다.

작은 새는 여러 번 와서 열매를 가져갔습니다.

벌레들이 제법 많이 울고 서리까지 내리는 때는 팥배나무에는 단 하나 열매만 남아 있었습니다.

"어진 팥배나무님께 미안합니다. 이렇게 당신을 만나 이야기하는 것은 당신의 덕택이올시다. 당신께서 고운 열매를 아끼지 않으시고 주신 때문이올시다. 그러나 저는 또 배가 고픕니다. 나머지 열매마저 저를 주십시오."

팥배나무는 이번엔 좀 괴로운 얼굴을 하고

"참 미안합니다. 이것은 안 되겠습니다. 이것은 내가 가장 귀하게 여겨 오던 것입니다. 이 열매는 내 손으로 심어 나의 아들을 낳게 해야 합니다."

이렇게 말을 하였습니다. 작은 새는 아차하고

"아 그랬습니까. 늘 저의 욕심만 부렸습니다 그려. 참 미안합니다. 그러면 안녕히 계십시오. 내년에나 또 뵙겠습니다."

작은 새의 이 말은 좀 쌀쌀하였으므로 팥배나무는 마음에 안되었습니다.

한참이나 생각하고 있을 때 작은 새가 날아갑니다. 이때에 팥배나무는 작은 새가 가엽게 생각되어서

"작은 새님 작은 새님 이리 오세요. 이걸 가져가세요."

고함껏 불렀습니다. 이 말을 들은 작은 새는 날개를 접혀 나무에 앉아

"고맙습니다. 어진 팥배나무님 그걸 제가 가져오면 당신은 즐거움이 없습니다. 그러나 나는 그것만 먹으면 또 내일 다른 곳으로 열매를 찾아다녀야 합니다. 하루 더 이곳에 있으나 하루 일찍이 떠나나 마찬가지가 아닙니까. 그래도 나는 날개가 있어 이 세상을 마음대로 날아다닐 수 있으므로 겨울이 오더라도 걱정이 없습니다. 명년 봄에 또 여기를 날아와 당신에게 이야기 선물을 하겠습니다. 안녕히 계십시오. 어진 팥배나무님 부디 몸 성히 사십시오."

작은 새는 노래를 한 번 부르고 그만 날아갔습니다. 팥배나무는 지금까지 지나던 정을 못 잊어

"내가 이것 때문에 작은 새님을 가시게 하였다."

이런 생각을 하자니 갑자기 자기의 잘못을 깨닫고 귀중한 열매를 따서 던져 버렸습니다.

붉은 열매는 도골도골 굴러 그 밑에 흐르는 맑은 물에 떴습니다.

팥배 열매는 어디로 가려 하는지요.

야과찬(野果讚)

이효석, 『매일신보』, 1939. 10.

열매 ◉

―'하얼빈'의 가구(街區) 채원(采園)

9월 3일 아침 호텔에서 역까지 나가는 길이 몹시 차서 나는 차 속에서 다리를 덜덜 떨고 있었다. 연일 비 기운도 있기는 있었으나 별안간 기온이 내려 냉랭한 기운이 한꺼번에 엄습해 온 것이었다. 일주일이 못 가 외투를 입게 되리라는 말을 들으면서 남행 차를 탄 것이었으나 향관◉에 돌아오니 아직도 날이 더워 낮 동안은 여름 옷으로도 땀이 나는 지경이다. 북위 44도의 하얼빈과 이곳과는 남북의 상거◉가 머니 절기의 차이인들 심하지 않으랴마는 지금쯤은 그 북방의 변도(邊都)가 완전히 가을철을 잡아들어 얼마나 풍치가 변해졌을까를 상상하면 지난 짧은 여행의 기억이 한층 그리운 것으로 여겨진다. 거리를 거니는 사람들의 옷 치장도 바뀌어졌을 것이요, 여인들의 걸음걸이도 달라졌을 것이며, 나뭇잎들은 또한 얼마나 곱게 물들었을까.

도대체 수목이 흔한 거리였다. 시가의 남부 일대는 속속들이로 나무가 안 들어선 구석이 없으며 특히 마가구(馬家區)◉ 부근의 출창한

◉ 향관: 자기가 태어나서 자란 곳.
◉ 상거: 떨어져 있는 두 곳의 거리.
◉ 마가구(馬家區): 하얼빈의 한 지역.

가로수의 병렬과 외인 묘지 경내의 우거진 수풀은 도회 속에 전원을 그대로 옮겨 놓은 듯한 느낌을 일으키게 한다. 대개가 느릅나무와 백양나무에서 빽빽이 무성한 속에서는 집의 자태조차 빠져 버려 그윽하고 으늑한 맛이 각별하다. 생활과 수목의 일원화요, 도회와 전원의 합주여서 한 폭의 아름다운 낙원의 느낌이었다. 그 천년대계의 도시의 건설을 계획한 사람들의 유구한 심정은 상 줄만하다. 사람은 쇠와 돌 속에서만 살 수는 없는 것이다. 초목과 친하고 자연과 가급적 벗하는 곳에만 생활의 진진한 재미도 있고 예술화도 있는 것이며, 인위와 인공만의 세상은 순일한 사람의 천성을 해함이 크다. 수목 흔한 도회라는 것이 인간생활의 한 이상이요, 원이 아니면 안된다.

    대륙에서도 유수한 도회에서 도리어 신선한 전원을 느끼고 야성을 맛본 것을 나는 여간한 행복으로 여기지 않는다. 가로의 복판에는 폭넓은 공간이 뻗쳐 있고 공원에는 가진 기교를 베푼 화단 너머에 자연림이 우거졌고 묘지 내 사원 문 구에는 산포도의 넝쿨을 빽빽하게 올려 심산의 천연을 그대로 옮겨 놓았다. 가구에는 구석구석 꽃묶음 없는 곳이 없으며 '빠사알'은 가지가지의 야채와 과실로 생생한 채원을 이루었다. 대체로

슬라브의 문화라는 것이 구라파의 그것보다 아직
어린 탓이라느니 보다도 본질 상 그 속에 야취에
가까운 그 무슨 소인이 있는 듯이 보인다. 건축이나
음식이나 문화의 각 방면에 뻗쳐 정교를 다한 듯이
보이면서도 반면에 있어서 일종의 소박한 야미
(野味)를 띠었음이 확실하며 그것이 알 수 없이
마음을 당기고 정을 끄는 것도 사실이다.

    탁자 위 과실 접시에는 포도와 배와 사과가 담긴
속에 노랗게 익은 낯선 과실이 수북이 끼어있었다.
권하는 바람에 한 개를 집어 올려 이빨을 넣으니
금시에 군침이 돌며 산미가 입안에 그득 찼다.
별것 아니라 돌배였다. 산속이나 들에 지천으로
열리는 야생의 돌배인 것이다. 진귀한 생각이 나서
맛은 어찌됐든 나는 그날 밤의 그 야과를 한없이
그리운 것으로 생각했다. 비록 산속에 지천으로
맺히는 것이라고는 해도 그것을 맛본 기억은 멀리
소년시대에까지 올라간다. 몇십 년 동안 다시는
구경도 못 했던 그 돌배를 그 도회의 복판에서
발견할 줄이야 뉘 알았으랴. 대도회의 복판 서구의
치장을 베풀고 근대 음악이 흐르는 한 칸 방 속에서
그것을 찾아낼 줄이야 뉘 알았으랴. 그리운 조그만
노란 열매를 손에 들고 어릴 때의 추억을 불러내고
고향의 야미에 잠긴 것이 별것이 아닌 참으로

그 낯선 도회에서였던 것이다. 낯설기는커녕 그 야경의 인연으로 그곳이 내게는 고향과도 진배없이 여겨졌다. 지금쯤은 얼마나 돌배의 맛이 무르녹았을까. 친밀한 곡선을 느끼면서 나는 지금도 북쪽과 야과를 생각한다.

열매

박과 호박

허민, 1937. 9. 7.

늦은 가을입니다. 산언덕 밭귀에 낮잠 자던 호박이 눈을 뜨자 옆에 자는 호박을 깨웠습니다.

"이젠 우리 둘뿐이야."

"왜?"

"봐 저기에 있던 동무 하나가 달아났지."

호박은 누런 상에 붉은 기를 띠우고 들어 보았으나 잠들기 전에 있었던 동무는 어디론지 달아나고 없는 것입니다.

"대체 어디를 가는 거야."

"갈 데로 가지."

박은 호박을 두고 변덕이라 했습니다. 누런 꽃이 지고 푸른 열매가 점점 커 가서 다시 누르고 붉은 상판으로 변한다고 해서 이렇게 부르며 자기는 절개(節介)가 강하다고 자랑하는 것입니다. 그러나 호박은 말하기를 세상에 나서 여러 번 변해야 살아나가는 맛을 아는 것이라 하고 자네같이 외질로 휜 상판으로 나오는 건 완고하다는 핀잔을 주었습니다.

그들은 어릴 때엔 남이 볼까 무서워 넘새◉ 밑에나 풀 사이에 숨어 지냈으나 동무가 늘어 가고 들도 커 가니 맘이 점점 용감하여졌습니다.

◉ 넘새: 나물.

동무들이 많을 때엔 억순덕순 하여 철 가는 줄 몰랐으나 하나씩 둘씩 없어져 감을 따라 자기들의 신세를 생각하게 되었습니다.

"우리는 대체 어찌될 것인가?"

"낸들 아나! 설마 되는 대로 되지."

　호박이 물으면 박은 눈을 게슴츠레하고 능글능글하게 대답하는 것입니다.

　고초장 아들이 훨훨 날고 귀독새들이 재재거리면 그들을 붙잡아 물어보나 그들 역시 몰랐습니다. 이슬 내린 아침 황소가 언덕의 풀을 잘라먹을 때도 물어보았으나 역시 모른다 했습니다.

　사람들이 자주 그들을 어루만지고 가면 저이들이 자기들을 데려갈 것인가 하여 처음엔 무척 무서워 오다가 그 생각이 맞아 그 뒤 자주 동무들을 데려가는데 정말 어찌할 줄을 몰랐습니다.

"저렇게 가면 죽지?"

"죽는들 무서울 것 있나."

"……"

"자네같이 변덕쟁이란 무섭지 않는 것도 무서워하고 남을 위하려는 일에도 벌벌 떠니 온당할 수 있나. 세상에 난 이상 값을 하고 죽어야지—."

"에끼 미친놈 값을 하다니 —."

열매

"흥."

그들은 심심하면 늘 이런 싸움을 하였습니다. 그것은 동무가 하나씩 사람들에게다 데려갈 때마다 더하였습니다. 이리하야 찬바람이 온 세상을 쓸어 가고 서리까지 풀 속에 내려 시들게 하는 때엔 박은 먼저 없어지고 호박은 아주 큰 몸뚱이를 주체스럽게 넌출◎에 매달려 숨만 씨근거리고 있었습니다.

몇 달이 지나 뜰 앞 오동나무에 남은 열매가 찬바람에 방울 소리를 내는 겨울이었습니다.

이 집 부엌에 오늘 밤에는 절서◎가 든다고 떡을 시루에 찌려고 호박은 토박토박 썰리어 소쿠리에 담겨 나왔고 박은 댕글댕글한 새 바가지로서 살강◎에 얹혔습니다. 그들은 보자 대번에 알았습니다.

"이 사람 자네 꼴이 이게 뭔인가?"

호박은 바가지를 보고 놀래었습니다.

"자네 꼴은? 그러나 저러나 우리는 세상에 난 것이 필경 이렇게 될라고 난 것이니 슬퍼 말게."

조금 후에 바가지는 물을 퍼다가 시루를 씻쳤습니다. 그리고 씻츤 시루에 자기가 들어갈 줄 모르고 물끄러미 보는 호박이었습니다.

◎ 넌출: 길게 뻗어 나가 늘어진 식물의 줄기.
◎ 절서: 차례로 바뀌는 절기.
◎ 살강: 그릇 따위를 얹어 놓기 위하여 부엌의 벽 중턱에 드린 선반.

고정(苽亭)(오이집)기(記)

오일도, 1936. 3.

열매 ◉

   나의 작은 정원(庭園)에 비가 개이고 해가 뜨니 여기저기 오잇줄이 뻗기 시작한다. 행여 비탈길을 걸을세라, 꼬불꼬불 허리를 잘 펴지 못할세라, 개가 밟을세라, 닭이 파헤칠세라, 바람과 비에 넘어질세라, 한시바삐 제 집을 세워주어야 하겠다.

   내 제법 일개의 건축사(建築師)처럼 정원(庭園) 한복판에 서서 오이집을 세우기 시작하였다. 설계(設計)도 내가 하고 건축(建築)도 내가 하겠다.

   백양(白楊)◉ 막대기와 싸릿가지를 이리 끊고 저리 짤라, 짧은 놈은 짧은 대로, 긴 놈은 긴 대로, 바른 놈은 바른 대로, 굽은 놈은 굽은 대로 이리저리 얽었다. 네 구덩이 선 데는 사각(四角) 장방형(長方形)으로, 세 구덩이 선 데는 삼각형(三角形)으로, 두 구덩이 선 것은 기둥만 두 개 세워, 위는 네 구덩이 집으로 연결시키고, 여섯 다섯 구덩이 선 데는 둥그렇게 합(合)하여 원방형(圓方形)으로, 특히 사람 앞 가까이 섰는 한 구덩이는 정방사각형(正方四角形)을 세우니, 명왈(名曰)◉ 독정(獨亭)이라. 하루 해 못 되어 나의 정원(庭園)에는 수고롭지 않게 고정(苽亭)(오이집) 십여 동(棟)이 들어섰다.

◉ 백양(白楊): '황철나무'를 일상적으로 이르는 말.
◉ 명왈(名曰): 이름하여 부르기를.

벽도 없고, 그림도 없고, 지붕도 덮지
않았으되 태양(太陽)과 우로(雨露)와 흙에 친근한
오이집으로는 정말 일등품이라 않을 수 없다.
이웃집 노인(老人), 오늘은 건너 들 모심기 갔는지,
석양(夕陽)이 넘어도 오지 않는다.

   보면 놀랄 것이다.

   해마다 계속하여 오던 오이 농사이지마는
금번은 특히, 집을 잘 짓고 손질을 자주하여 기어코
오이의 성장(成長)을 잘 보려는 이유(理由)가 있다.

   처음 날 여러 심은 씨는 병아리 놈들이 다
뽑아 먹었기에 하는 수 없이 두 번째 또 씨를 심은
것이었다. 그것을 좇아 병아리 놈들이 모여들어서
혹은 뽑아 먹고, 밟고, 뻗으려고, 눈을 돌릴 새
없었다. 그 동안 그것을 방비(防備)하느라고 얼마나
애를 쓰며, 얼마나 병아리 놈들과 싸웠는지 저 만한
오늘의 오잇줄을 보게 된 것도 좋은 성적(成績)이지
않을 수 없다. 어느 때에는 집안사람과 말다툼할
때도 많이 있었다. 집안사람은 병아리를 부화시켜
놓고, 그것이 귀해라고, 그것이 재롱스러워서라고
밤낮 병아리 뒤만 봐 주고, 나의 오이는 중히 생각지
않는다. 말하자면 집안사람은 병아리 편이요, 나는
오이 편이다. 나의 오이의 성장(成長)을 침해(侵害)
하고, 나의 오이의 생명(生命)을 유린(蹂躪)하는

병아리 놈의 죄상(罪狀)은 일격타진(一擊打盡),
모가지를 잘라 놓는 것이다. 당연한 보수(報酬)로되
그러 하자면 집안사람과 대판으로 말다툼 한번은
할 각오라야 하겠고, 또는 어린 생명(生命)의 비명
(悲鳴)을 차마 들을 수 없는 터이라, 늘 내가 지고
내가 참을 수밖에 없이 지내 왔던 것이다. 이리하여
집을 시작한 것이 손과 눈을 이리저리 놀리는 동안
그 또한 일종의 취미를 느끼게 되어 부지불식간
(不知不識間)에 수고롭지 않고, 예상보담은 더
훌륭한 더 교묘한 집을 완성하게 된 것이다.

　이제 오이집이 낙성(落成)되었으니, 조금도
지체 없이 입택(入宅)시켜야 하겠다. 땅 위에
방황하는 오잇줄들을 하나도 빠짐없이 일으켜
제 집으로 옮겨 손을 주었다. 제 뻗고 싶은 대로,
제 오르고 싶은 대로, 자모(慈母)의 손을 붙들고
일어서는 아기처럼 오잇줄은 모두 감사의 고개를
든다. 바람이 분대도, 비가 온대도, 개와 닭이
밟는대도 이제는 큰 걱정이 없이 되었다.

　오이의 성장은 참으로 빠르다. 집에 올린 지 불과

◉ 낙성(落成): 건축물이 완공됨.

몇 날이 못 되어 아침저녁 물과 오줌을 주었더니, 어느 새 이 구석 저 구석 푸른 줄기가 뻗어 올랐다. 높은 줄기는 제 집보담 키가 높다. 보라! 저무는 하늘에 놀 붉고, 바람 고요하고, 매미 소리 대추나무 위에 잦아지는 저녁, 줄기줄기 서로 손잡고 흔들흔들 푸른 하늘을 향하여 오르는 양을. 저렇게 오르면 어디까지 오를 것인고. 하늘과 땅, 무한히 넓고, 비와 이슬 달고, 태양(太陽) 또 빛나니 한여름 너의 성장이 왕성하기를 빌어 마지 않는다.

    벌써 어느 줄기에는 누른 꽃 피고, 작은 열매 맺히기 시작하니, 지금 십여 일 지나면 나의 정원에는 자(척(尺))넘는 푸른 오이가 수없이 척척 늘어질 게다. 첫물에는 여름 반찬으로 한때의 별미이려니와 내 손수 이처럼 공들여 기른 오이를 함부로 밥반찬 하여 버리기는 아까운 일이 아닐 수 없다. 귀한 손님 오시거든 뜰에서 곧 따다가 깨끗한 물로 씻어, 깨끗한 유리 소반에 담아 푸른 그대로, 싱싱한 그대로 드리면, 손님이 얼마나 시원하다 하실까.

    그것보담도 줄기에 척척 늘어진 푸른 오이를 바라보면서 서늘한 저녁 툇마루에 앉아 시(詩)도 말하며, 농사도 말하며, 술 한잔 따르는 것이 얼마나 취미 있는 일일까. 그러나, 모두 내 혼자의 말이다.

　병아리 놈들이 내 일하는 몇 날 동안은 내 눈과 내 소리에 못 견뎌 다른 뜰에 나가 놀더니만 집이 끝나고 내 눈이 비키니 여전히 또 오이밭으로 모여든다. 그러나, 전과는 딴 세계이다. 땅 위에 누웠던 오잇줄들은 벌써 제 키보담 몇십 배나 더 높은 집 위에 올라 있다. 가맣게 쳐다보인다. 침해하고자 한들 다시 침해할 수 있으랴.
　나뭇가지가 이리저리 얽히고, 가지 위로 잎과 줄기가 우거지고, 밑에는 푸른 그늘이 짙으니, 병아리들은 제 집이 생겼다고 도리어 기뻐하여 마지 않는다. 그늘 아래로 떼를 지어 돌아다니며, 쉬며, 벌레와 모이를 주어 먹으며, 집 층계 위로 오르락내리락 운동도 한다.
　그러고 보니 병아리 집으로도 일품이다. 푸른 오이 그늘 아래 노는 흰 병아리, 누른 병아리는 도리어 금상첨화(錦上添花)의 경(景)이다. 이제 병아리와 오이의 갈등이 끝나고 동시에 오이 편과 병아리 편과의 말다툼도 완전히 해소된 것이다.
　동쪽 울타리에 누른 호박꽃이 탐스럽게 피어 있고 서편 지붕 위에는 흰 박꽃이 오르려고 너울거리고, 처마 끝에 제비 재잘거리고, 대추나무

깊은 그늘에는 꾀꼬리와 매미와 벌의 교향악이 조금도 쉴 새 없이 마을을 흔들고, 앞 삽짝◉(扉[비])으로 한 조각 남쪽 하늘이 터져 진보(眞寶)◉ 비향산(飛鄕山)이 멀리 보인다. 놀은 붉고 구름은 희다. 예의 코스모스도 금년에도 잊지 않고 여기저기 가득 심었는데, 아직 철 일찍이나 차차 꽃 피기 시작하면 내 정원(庭園)의 한 사랑이 될 것이다.

◉ 삽짝: 사립짝. 나뭇가지를 엮어서 만든 문짝.
◉ 진보(眞寶): 경상북도 청송지역의 옛 지명.

열매 ⑨

석(石) 류(榴)

윤곤강, 『피리』, 1948.

열매 ◉

   아가 배나무 늙은 가쟁이◉에 누르게 익은
하눌타리◉는 구름처럼 손에 닿지 않고
   지렁이 찍어 문 수펑아리 암컷 쫓아 풍기는 곳 —
부러져라 늘어진 가지마다 붉게 고운 열매 열매...
   스치면 우수수 쏟아질까 산홋빛으로 삐어진
알알 먹지 않아도 이가 시리어...
   푸른 잎의 푸른 빛
   붉은 열매의 붉은 빛
   그것을 가늠할 때 나는
   먼 산 보는 버릇을 배웠노라

◉ 가쟁이: 가지.
◉ 하눌타리: 박과의 여러해살이 덩굴풀.

녹음

녹음

신록(新綠)과 나

최서해, 1930. 6.

녹음

　우리 집은 선의궁 앞 큰길 건너편이외다.

　대문을 나서면 고양이 이마빡만 한 배추밭이 있읍니다. 그 밭을 왼편으로 끼고 이삼 간 나오면 실개천이 있읍니다. 그것은 바로 선의궁 앞 큰길가인데 인왕산에서 흐르는 물과 우리 동리에서 먹는 우물물이 서로 어울려서 졸졸졸 흐르고 있읍니다.

　그 개천가에는 늙은 버드나무가 드문드문 실같이 늘어진 가지를 떠이고 서 있읍니다. 실같이 늘어진 그 가지가 연둣빛으로 물들어 봄바람에 하늘거리는 것을 이제야 비로소 보았읍니다.

　아침에 어린애가 밥짓는 아내를 하도 조르기에 안고 큰길로 나갔다가 보았읍니다. 이것은 거짓말 같은 참말입니다. 내가 이 동리로 이사한 지가 하루이틀이 아니요, 그 버드나무 가지가 푸른 것이 또한 하루이틀이 아니었을 터인데 내 눈에 뜨인 것은 어제 아침이었읍니다.

　마음이 허울의 수고를 받으니 그런지, 또는 내가 너무도 무심하여서 그런지는 모르나 하여튼 바로 집 앞에 우거져 가는 버들잎을 어제 비로소 볼 때 나는 어쩐지 나라는 존재를 너무도 어이없이 느끼지 않을 수 없었읍니다.

　아른한 아침 연기 속을 고요히, 그리고도 정답게

흘러내리는 아침볕을 받고 서서 어린애 뺨같이
부드러운 싹에 실실이 푸른 그 가지를 보는 내
가슴은 까닭 모를 애틋한 느낌에 흔들리었읍니다.
북악의 푸른 빛과 인왕산 머리의 아지랑이도
모두 처음 보는 것 같았읍니다. 천지는 이렇게
푸르렀읍니다. 늙은 나무에까지 움이 텄읍니다.

 그래도 나는 몰랐읍니다. 한 사래의 밭도 없는
내가 철은 알아 무엇하리이까마는 생각하면 철을
모르는 인간같이 미미한 존재는 세상에서 또 없을
것입니다. 무엇이 나의 귀를 막고 무엇이 나의 눈을
가리었던고.

 나는 가슴에 안겨서 철없이 방긋거리는
어린것의 뺨을 문지르며 따스한 햇발이 흐르는
신록의 천지를 다시 보았읍니다.

 저 빛이야 철을 잃으리까마는 이것들 장래는
어찌 될는지?

녹음 ♠

내가 좋아하는 솔

강경애

나는 언제부터인가 솔을 좋아한다. 아마 썩 어려서부터인가 짐작된다. 봄만 되면 지금도 가끔 떠오르는 것은 내가 여섯 살인가 되어 어머니와 같이 뒷산 솔밭에 올라 누렇게 황금빛 나는 솔가래기를 긁던 것이다. 때인즉 봄이었던가 싶으다. 온 산에 송림이 울창하였고 흐뭇한 냄새를 피우는 솔가래기가 발이 빠질 지경쯤 푹 쌓여 있었다. 솔은 전년 겨울 난 잎을 이 봄에 죄다 떨구기 때문이다.

당시 아버지를 여읜 우리 모녀는 어느 산골에 사는 고모를 찾아갔고 고모네 집 옆방살이를 하게 되었으며 그만큼 우리는 곤궁히 지내므로 해서 하루의 두 끼니조차도 배불리 먹지 못하였던가 싶다.

봄철을 만난 송림은 그 잎이 푸름을 지나서 거멓게 성이 올랐고 눈가루 같은 꽃을 뿌려 숨이 막힐 지경, 향기가 요란스러웠다. 그리고 솔가지 속에 숨어 빠끔히 내다보는 하늘은 도라지꽃인 양 그 빛이 짙었으며 어디서인가 푸르릉거리는 이름 모를 새들은 별빛 같은 몽롱한 노래를 흘려서 고요한 적막을 깨뜨리곤 하였다. 거기서 우리 모녀는 부스럭부스럭 솔가래기를 긁어모았다.

나는 조그만 몸을 토끼처럼 날려서 솔방울을

주워 내가 가지고 간 빨갛고 파란 띠를 두른 조그만 바구니에 채우고, 노란 꽃잎을 따가지고 곧잘 놀다가도, 배만 고프면 어머니 곁으로 달려가서 못 견디게 졸라대었다. 그때마다 어머니는 딱하여서 나를 어르고 달래다 못해서 나의 뺨을 찰싹 때리면, 나는 죽는 듯이 울었고 어머니는 하는 수 없이 나를 업으시고 소나무에 기대어서 한참씩이나 우두커니 섰던 기억이 지금도 새롭다.

어떤 날은 하도 조르니까 물오른 솔가지를 뚝 꺾어서 껍질을 벗기고 하얀 가락 같은 대를 나의 입에 물려주었다. 거기는 달콤한 진액이 발려 있었다.

고향에 있을 때는 송림이 가득 차 있는 앞뒷산에 늘 오르게 되니까 그리 솔의 진가를 알지 못하겠더니 일단 고향을 등지게 되고 멀리 간도 땅을 밟게 되니 솔이란 얼마나 귀한 것인지 가히 짐작할 수가 있게 된다. 고향… 하면 벌써 머리에 떠오르는 것은 두렵게 굴곡이 진 고산 준령이요, 그 위를 구름처럼 감돌아 있는 솔밭이요, 또한 무지개처럼 그 사이를 달리는 폭포수다.

솔은 본래부터 그 근성이 결백하여서 시커먼 진흙땅을 피하는 것이 아닐까? 그러기에 간도에서는 한 그루의 솔을 대할 수가 없지 않은가

한다. 언제 보아도 하늘을 찌를 듯이 높은 준령에 까맣게 무리를 지었고 하늘의 영기를 혼자 맛보고 있으며 또한 눈빛같이 흰 사장을 끼고 이쁘게 몸매를 가지지 않았나.

경원선 방면으로 여행해 보신 이는 누구나 다 보셨을 것이지만 동해안에 그 송전♣이란 극히 드문 절경 중의 하나이라 하지 않을 수가 없다.

망망한 푸른 바다는 하늘을 따라 멀리 달려나갔고 한두 척의 어선이 수평선 위에 비스듬히 걸려서 슬픈 노래를 자욱이 뿌리고 있다. 갈매기 날개를 펴서 천천히 나를 제, 나래 끝에 노래가사가 하나 둘 그려지고 있다.

철썩철썩 들리는 파도소리 ― 그 파도에 씻기고 닦인 사장은 옥같아 백포처럼 희게 널렸고 그곳에 아담하게 서 있는 솔 포기들! 그 자손이 어찌 그리 퍼졌는고 작은 애기솔, 큰 어른솔, 흡사히 내가 집에 두고 온 내 애기의 그 다박머리 같았고 차창을 와락 열고 손짓해서 부르고 싶구나.

솔은 장미처럼 요염한 꽃을 피울 줄도 모르며 화려한 향취를 뿌려 오고 가는 뭇 나비들을 부를 줄도 모른다. 그러기에 많은 사람들의 시선을 끌지

♣ 송전: 소나무가 많이 들어서 있는 땅.

못하며 그만큼 그는 적적한 편이라 할 것이다.

　허나 오랜 풍우에 시달리고 볶인 노숙한 체구는 마치 화가의 신비로운 붓끝에서 빚어진 듯 스스로 머리를 숙여 옷깃을 여밀 만큼 그 색채가 엄숙하여 좋고, 침형으로 된 잎이 서로 얽히어 난잡스러울 듯하건만 그렇지 않고 의좋게 짝을 지어 한 줄기에 질서 있게 붙어서, 맵고 거센 설한에도 이를 악물고 뜻을 변치 않는 그 기개가 좋고, 나는 듯 마는 듯, 그러나 다시 한번 맡으면 확실히 무거운 저력을 가지고 내 코끝을 압박하는 그 향취가 솔의 품격을 여실히 드러내어 좋다.

　지금은 봄, 춘풍이 파뿌리 냄새를 가득히 싣고 이 거리를 범람한다. 나는 신병으로 인하여 며칠 전에 상경하였다. 아침이면 분주히 대학 병원으로 달리면서 원내에 우뚝우뚝 서 있는 노송을 바라본다. 비록 몸은 늙어 딴 받침 나무를 의지해 섰지만 그 잎의 지조만은 서슬이 푸르다. 암담한 세상에서 너 혼자 호올로… 이렇게 중얼거리지 않을 수가 없다. 문득 내 어머님께서 뚝 꺾어주시던 그 솔가지, 달콤한 물이 쪼르르 흐르던 그 가지가 이것이 아니었던가 싶어지면서 내 입 속이 환해진다. 마치 가오리 같이 까맣게 오래된 것도 모르고.

녹음 ♣

버들

계용묵,『동아일보』, 1961. 3.

녹음 ♣

   썩둑, 전협(剪鋏)♣에 잘리어 되는대로 땅 위에 떨어져서 아무렇게나 이리저리 굴러다니면서도 제대로 싱싱하게 기름기가 눈이 부시도록 흐르는 새파란 이파리를 피우는 버들가지를 보고 그 장쾌한 생명의 힘에 감탄을 하며 머리를 주억거리던 어린 시절의 기억이 봄만 접어들면 잊히지 않고 먼저 머리에 떠오른다.

   생명의 부여는 그 어느 나무나 화초가 꼭 같이 받았을 것이오. 또 봄뜻을 저대로 다들 느낄 것이나, 이 버들처럼 봄뜻을 그렇게 집요하게 느끼며 생명을 위하여 성실한 나무는 별로 없을 것이다. 아니, 이렇게 잎을 피우며 굴러다니다가 진흙땅에 몸이 부딪히기만 하면 부딪히는 대로 어디에서나 뿌리를 내어 땅 속을 파고들어 가지를 뻗어서 제대로 한 그루의 나무 구실을 한다는 게 이 버들이다. 또 봄을 가장 민첩하게 느끼고 먼저 눈이 트이며 봄이 왔다는 것을 앞서 전해주는 것도 역시 이 버들이다.

   그러나 사람들은 버들의 그 장한 봄마음을 상주려기보다는 그저 샛노랗게 아름답기만 하려는, 그리고 새빨갛게 아름답기만 하려는 개나리나

♣ 전협(剪鋏): 가지치기할 때 사용하는 가위.

진달래 마음에 비로소 춘흥(春興)을 느끼며 상 주기를 인색해하지 않는다.

이 개나리와 진달래의 노랗고 붉은 마음에 춘흥을 못 느끼는 나는 역시 봄마음이 아름다운 것임을 느낄 줄 모르는 둔감한 탓일까.

개나리와 진달래꽃 가지를 한 지게씩 져다가 거리에다 받쳐 놓고 봄뜻을 전해 주는 장사치가 요즘 피뜩피뜩 눈에 뜨이나, 그 진달래와 개나리가 온실 안의 주반 알이 사람들에게 춘의(春意)를 강매하려는, 개나리나 진달래 그 꽃이 지닌 본래의 춘의의 생리를 모독한 꽃임을 알음이어라.

이러한 개나리와 진달래꽃을 한 아름씩 안고 택시를 잡아타는 젊은 여인네들이 또 있다. 필시 입원을 한 어떤 친지의 입원실 문턱에 가져다 놓음으로 봄뜻을 전해주는 데서 환자를 위문하고자 함이 아니면, 애인의 안두(案頭)◆에 가져다 꽂고 너도나도 그 꽃의 아름다움에 봄뜻을 함께 느끼며 마음이 즐거워 보고자 함일 것이다.

내가 이런 여인네들을 볼 때마다 봄뜻에 왕성한 버들가지를 연상하고, 그 개나리나 진달래의 꽃묶음이 버들가지와 바뀌어 들이었으면 얼마나

◆ 안두(案頭): 책상의 한쪽 자리.

그 환자와 애인에게 거짓없는 진의가 깃들이게
될 것일까 하고 혼자 안타까워함은 이 역시
봄뜻이 아름다운 것인 줄을 모르는 둔감한 소치♣
에서만일는지.

♣ 소치: 어떤 까닭으로 생긴 일.

포플러나무 예찬(2)

김교신, 1934. 12.

포플러는 그 줄기나 가지나 다만 일직한 것 외에 볼 것이 없다. 기기묘묘한 곡절도 없고, 시선을 새롭게 할 만한 채색도 없다. 다만 푸르고 오직 곧고 길 것뿐이다. 그러므로 소위 수석을 즐기며 분재를 일삼는 이들에게는 포플러는 하등의 취할 점이 없으나, 우리에게는 그 취할 데 없는 점이 고귀하다.

　　곡예와 술책은 모두 다른 나무에서 구하라, 그리고 오직 순직(純直)하고 단명(單明)한 것만을 포플러나무에서 찾으라.

　　고색창연한 것을 찾는 이는 포플러나무의 새롭고 젊은 것이 불가하다 한다. 과연 포플러나무는 반도에 신래(新來)의 객이니 그 이름을 양유(洋柳)라고도 하거니와, 포플러나무 보이는 데는 외래의 풍취가 없지 않고, 경박의 가락이 전무함이 아니다. 그래도 포플러가 병렬한 제방은 수난과 풍재를 면하였다는 조짐(兆徵)을 말함이 되고, 양유의 푸른빛이 울타리처럼 둘러싼 동네는 신흥의 기운이 창일(漲溢)♣함을 시증(示證)♣하여 마지않는다. 국수(國粹)♣가 가하고♣ 전통이

♣ 창일(漲溢): 의욕 따위가 왕성하게 일어남.
♣ 시증(示證): 증명해 보임.
♣ 국수(國粹): 한 나라나 민족이 지닌 고유한 정신적·물질적인 장점.
♣ 가하고: 옳거나 좋고.

귀하다 하나 청태(靑苔)♣가 끼인 와편(瓦片)♣과 고총(古塚)에서 나온 파환(破環)♣은 골동가나 고고학자의 한시일(閑時日)♣에 맡기라. 생물은 새로울수록 그 생명이 왕성하니 적송을 심었던 것이 반도강산이 적독(赤禿)♣이 된 일원(一原)♣인 줄 알았거든 적송을 뽑고 세력 강성한 나무를 대식(代植)♣할 것이요, 구간(舊幹)♣이 고쇠(姑衰)하였거든 신아(新芽)♣를 접목하는 일이 지당하지 않은가. 옛것을 숭상하고 낡은 것을 후회한들 고각(枯殼)♣이 된 후에야 무슨 소용이 있으랴. 고색을 자랑하는 불교도 가하지 않음이 아니요, 전통을 숭상하는 유교도 금할 것이 아니나 문제는 생명의 역량이다. 비록 반세기의 역사만을 가졌을지라도 영혼의 오저(奧底)♣에서부터 생명 건축의 철추(鐵鎚)♣ 소리 씩씩하게 자라나는 그리스도의 산

♣ 청태(靑苔): 푸른 이끼.
♣ 와편(瓦片): 깨어진 기와 조각.
♣ 고총(古塚): 오래된 무덤.
♣ 파환(破環): 깨진 옥.
♣ 한시일(閑時日): 한가한 시일.
♣ 적독(赤禿): 민둥산.
♣ 일원(一原): 하나의 원인.
♣ 대식(代植): 대신 심음.
♣ 구간(舊幹): 묵은 줄기.
♣ 신아(新芽): 새로 돋아나는 싹.
♣ 고각(枯殼): 마른 껍질.
♣ 오저(奧底): 깊은 속이나 바다.
♣ 철추(鐵鎚): 쇠망치.

생명에 부딪쳐 볼 때에, 우리의 눈은 신래의 나무 포플러의 울창함을 쳐다보게 된다. 부럽도다, 강안(江岸)♣에 선 포플러나무의 새로운 생명, 꾸준한 생명.

 포플러는 그 세장(細長)한♣ 자태로 인하여 그저 부드럽고 한갓 연약한 듯이도 보이나 이는 속단임을 면치 못한다. 외관과 원경(遠景)이 그리 보이지 아니함이 아니나, 접근할 때에 그 거간(巨幹)♣이 지축을 뚫고 나온 듯한 위세에 사람으로 하여금 압도케 함은 포플러나무의 특성이다. 높은 나무는 풍상이 많다. 그 지엽이 미풍에도 진동함은 감상적인 여성보다도 예민하나, 대지에 떡 버티고 선 그 웅자(雄姿)는 장부의 넋 그대로이다. 유순할 대로 유순하면서도 성전(聖殿)을 도굴화하는 우리들을 향하여는 의분♣의 채찍[편(鞭)]을 휘날리지 않을 수 없었던 어린양을 병상(竝想)♣하면서 저 포플러나무를 바라보라. 부드럽고도 굳센 것은 포플러나무로다.

♣ 강안(江岸): 강물에 잇닿은 가장자리의 땅. 강기슭.
♣ 세장(細長)한: 가늘고 긴.
♣ 거간(巨幹): 거대한 줄기.
♣ 의분: 불의에 대하여 일으키는 분노.
♣ 병상(竝想): 견주어 상상.

크로-버

장정심, 1934.

녹음

여름날 초장에 햇빛을 등지고
홀로 앉아서 크로―버를 찾는데
『무엇을 찾으오』하는 익숙한 음성에
휙 돌아보니 기다리던 벗이었소
말없이 휘파람으로 웃음 섞어
믿음, 소망, 사랑, 행복, 이라고
크로―버 한 잎새 손에 들고
뱅뱅 돌리며 노래해 주었소
말없이 부드러운 풀잎을 만지며
고요한 햇빛을 바라보면서
높다란 나무가지 무성한 잎 속에
매미 소리만 듣고 있었소
작년에 크로―버와 그 휘파람 소리
오늘도 들릴 듯 돌아다볼 때
바람도 내정을 짐작했는 듯
앞뒤로 찾아줄 듯이 부스럭거렸소

산사(山寺)의 여름

노자영, 「산가일기(山家日記)」

6월 14일 (금요일) 맑음

    이 산사(山寺)에 온지도 벌써 두 달.
    뜰 앞에 목련(木蓮)이 피었다. 백주(白珠)의 이슬이 청엽(靑葉) 위에 대굴거리고, 무한의 순결을 자랑하는 하얀 꽃봉오리가 강한 생명력을 가지고 피어오른다. 하늘빛 잎사귀, 눈빛 봉오리, 아름다운 조화 위에 자랑스러운 호화의 기세. 나는 아침 뜰 앞에 서서 그 꽃봉오리를 여러 번 만졌다. 그리고 떠나기 어려운 듯이 그 꽃 밑에서 한 시간이나 머뭇거렸다. 이 세상에 아름다운 자랑이 여기보다 나은 곳이 또 있을까? 신의 거룩한 표정! 모두 성스러운 최고의 미! 첫 여름에 피는 목련(木蓮)은 이와 같이 아름답다. 로댕이
    "한 떨기의 꽃 아래 머리를 숙여 본적이 있는가?"
    하는 말을 다시금 생각할 수가 있다.
    낮에는 송림 속 검은 바위 위에서 새의 울음을 들으며 먼 산을 바라본다. 송림 사이에 이는 미풍은 서늘하고 신비스럽다.
    밤에는 촛불 밑에서 옛 여인의 얼굴을 여러 번 그렸다. 사진첩을 뒤적거리며 손으로 가슴을 만지는 이 마음이여, 동구 밖에서 울려오는 산개 소리가 꿈 깊은 산곡(山谷)을 이따금 깨운다.

예이츠♣ 시집을 들고 속으로 몇 구절을 여러 번 되풀이했다.

9월 25일(목요일) 맑음

아침저녁으로 산산한 바람이 분다. 뒷산 골짜기에서 들국화 한 송이를 꺾어 왔다. 하얀 봉오리 —— 세상의 모든 정결과 성스러움을 가진듯한 그 표정! 아, 강한 자여! 네 지존(至尊)에는 내 마음이 움직인다. 거룩함과 높음과 깨끗함을 파는 모든 사람. 아! 그대들은 이 들국화 꽃 잎 앞에 발을 멈추고 고개를 숙인 적이 있는가?

한 떨기를 화병에 꽂고 고요히 눈을 감다. 아! 주여, 나의 영혼에 저 꽃을 삭여 주소서. 하늘은 높고 구름은 희다. 산새들이 요란스럽게 속삭인다. 모든 나무들이 가벼운 발자국으로 하늘을 향하여 승천할 것 같다. 음류(淫流)하는 파란 상처를 속삭인다. 은령(銀鈴)♣의 바람은 솔잎을 안고 골짜기 안에 퍼진다._

♣ 예이츠: 아일랜드의 극작가·시인(1865~1939). 1923년에 노벨 문학상을 받았다.
♣ 은령(銀鈴): 은으로 만든 방울.

녹음

초화

백신애, 『문원』 2집, 1937.

녹음

꽃은 누구든지 사랑하는 바이다.

그러나 나는 꽃보다도 수목을 사랑한다. 아니 꽃을 그다지 사랑하지 않는다. 내 성격이 조야(粗野)한♣ 까닭인지는 모르나 봄에 벚나무 구경을 가서나 또는 갖은 기교를 다한 꽃밭 속에 있어서는 그저 참 아름답구나, 하는 평범한 생각밖에 할 줄 모른다.

그리고 남의 집에 놀러 가서도 꽃을 아름답게 심어둔 것은 그저 예사로 보지마는 커다란 나무가 한 개쯤이라도 서 있으면 아주 마음이 즐겁다.

그러므로 나는 간혹 꽃밭을 만들어본 때가 있기는 하나 그것은 내 마음을 즐겁게 하려는 것도 또는 내가 사랑하기 때문에 하는 것도 아니었다. 단지 남의 눈을 위해서 정원을 장식한 데 불과했다. 더구나 화분에 심은 꽃은 내 스스로 기르는 것은 물론이요 남의 것이라도 들여다보고 싶지 않다.

그러나 나도 어리고 철없던 그 어느 때는 푸른 심산유곡을 찾아다니며 그곳에 고개 숙이고 아담스레 피어 있는 향기롭고 고아(高雅)한 흰 백합화를 찾아보려고 갖은 모험을 다 한

♣ 조야(粗野)한: 천하고 상스러운.

적도 있었다. 그리고 사람들의 발길에 밟힐까
봐 잎사귀 속에 숨으려고 애쓰면서라도 방긋이
피어 있는 길가의 꽃들을 가엽다고 집 뜰 안으로
옮겨 심노라고 해 지는 줄 모른 적도 있었다. 또는
인생의 진리란 무엇인가를 회의하여 세상 사람들이
버러지같이 보이던 때는 공연히 푸른 꽃도 있는가,
하는 생각에 푸른 꽃을 찾아보려고 울릉도까지
가보려고 한 일까지 있었다.

    이러한 것은 모두 내가 꽃을 사랑하였기
때문이 아니라 내가 꽃을 두고 온갖 공상을 다 했던
까닭이었다. 꽃을 찾아다닌 것이 아니라 꿈속에
헤매던 공상에 끌려다녔던 것이다.

    그러나 지금이라도 가끔 유곡(幽谷)에 홀로
곱게 핀 백합화를 찾아보고 싶은 충동을 느낀다.
다행히 내가 찾아보게 된다면 그때 나는 꽃 앞에
꿇어앉아 꽃의 아름다움에 감격하고 또 마음껏
즐길 것이다. 그 밖에는 사람들의 손으로 아무리
아름답게 길러진 꽃이라도 나는 사랑하고 싶지도
않고 심지어 보기까지 싫다. 이러하므로 사진으로
본 열대지방같이 수목이 울창한 심산(深山)이나
삼림(森林)은 나에게 절대의 매력이다.

    녹음방초가 우거진 수림 속에서 가만히

녹음

있으려면 그 많은 수없는 잎사귀들의 맑은 빛이
내 몸에까지 배어들어 나무의 정령(精靈)이 내가
아니었던가 싶기까지 하여 나는 삶의 환희란 것을
느낀 듯하며 영(靈)이 미소를 금치 못하는 듯도 하다.

녹음하

백신애, 『조광』, 1937. 6.

녹음

어젯밤 비는 초록색 비

산에도 들에도

초록물 들였네

우리 집 유리창에도

초록색 들였네

그래도

비야 비야 초록색 비야

우리 꽃밭에 장미꽃은

왜 초록색 못 들였네

희고 붉게 웃고 있단다

 이 동요는 지난해 첫 여름에 그때 보통학교 육 년생인 열두 살 먹은 나의 조카가 방 안에서 유리창으로 뜰 내다보며 직경을 그려낸 것이다.

 이즈음 거의 지루함을 느낄만하던 비가 개인 아침 종이 창문을 걷어 젖힌 유리창으로 선명한 햇빛과 함께 녹색(綠色) 공기가 풍겨 들었다. 벌떡 일어나 내다보니 산과 들과 나무의 빛깔이 놀랄 만치 짙어져 있었다. 나는 문득 이 동요가 생각나며 가만히 읊어보았다. 이 동요의 작자인 나의 조카는 올해 열세 살로서 서울 ×××여고의 여학생이 되어 거의 날마다 사진이라도 보내 달라고 홈씩♣에

♣ 홈씩: homesick. 향수병을 앓음.

우는 편지를 보내고 있다. 그의 이름이 장미(薔薇)이라 날마다 'バラ, バラ, シロバラ' '장미, 장미, 흰 장미'라는 뜻이라고 놀려대기는 하면서도 꽃밭에 장미나무에게는 '우리 장미 우리 장미' 하며 비료와 물을 다른 나무보다 만큼 주고 귀애하여 붉은 것, 흰 것, 분홍 등 각색의 장미꽃이 늦은 봄부터 이른 겨울까지 계속하여 많이 피고 있다. 나의 조카인 장미도 꽃밭의 장미에 못지않게 아름다운 정서를 가져서 가끔 고운 동요를 곧 그려내었다.

과연 요즈음에 오는 비는 초록색 비인지라 한 번씩 오고 나면 창밖에 녹색이 짙어져 간다. 나는 갑자기 가슴이 재리 ― 하여지며 장미꽃과 푸른 들판이 들려 있는 고향집을 그리어 어린 가슴에 눈물짓는 귀여운 그 얼굴이 무척 무척 간절하였다.

이 해 첫 봄에도 조카가 서울서 시험을 치르고 들려왔을 때 나는 그를 데리고 들판으로 걸어 다니며 그에게 순박스런 정서를 길러주고 즐거운 추억이 됨 직이 냉이 나물을 캐며 온갖 재미있는 이야기도 하고 노래도 부르며 놀았었다.

그가 상경한 후에 나는 그의 어린 얼굴이 간절히 보고 싶어 들판으로 헤매며 '덕'을 즐기는 그를 위하여 '쑥'을 캐었다.

지금은 거의 큰 바구니로 하나 가득하여 이것을

정하게 말려 두었다가 여름 방학이 돌아오면
맛있는 쑥떡을 만들어 주려 한다.

    그리고 채전(菜田)밭에 심어둔 여름에 먹는
옥수수도 자주자주 물을 준다. 이제 겨우 두세 치씩
잎사귀가 터져 올랐을 뿐이나 이것이 얼른 커서
옥수수가 열게 되면 장미가 그리워하는 이 집으로
돌아올 때이다. 나는 달과 날이 얼른 가주기를
기다리느니보다 옥수수가 얼른 커지기만 고대하며
자박자박 물을 주며 들여다본다.

    이 옥수수가 더디 크면 그만치 우리 장미도 더디
올 것만 같아서 —

    나는 이제 벌써 장미를 위하여 그가 즐기는
쑥떡 만들 준비와 옥수수, 참외, 수박 등이 얼른
커지고 열매를 맺도록 자박자박 물을 주고 있다.
씨를 뿌리고 비료를 넣고 물을 주고 하는 이 동안
나는 이 열매들을 먹을 때의 가지각색 재미스럽고
즐거울 온갖 일을 상상하며 혼자 웃고 혼자 그리워
눈물짓기도 한다.

    그리고 나뭇가지가 푸른 그늘을 지어주는
창 앞에다 재봉침 갖다놓고 여름에 그에게 잘
어울리는 간단복을 지으려 한다. 벌써부터 옷감의
색깔과 무늬와 '스타일' 등을 그려보며 이 옷을 입은
때의 그의 귀여운 온갖 동작과 표정들을 눈앞 가득

환상한다. 이러한 때는 내일 곧 장미가 돌아오는 듯한 착각도 가끔 일으킨다.

그러나 한 가지 마음에 꺼림한 것이 있다. 동리 초동(樵童)들이 나무집 위에다 우리 집 창을 열면 안개를 점령하는 저 ― 뒷산에서 진달래꽃을 꺾어 얹어가는 것을 볼 때마다 내 맘에 걸리는 것이 있다. 장미가 벌써 몇 해 전부터 뒷산에 진달래 구경 가자고 집안에서 제일 만만한 나에게 조르고 조르는 것을 온갖 핑계로 가 주지 않았더니 올봄에 상경하며

"아주머니두 이제는 진달래 구경 영 틀렸지."

하며 실망하였다. 나는 적이 마음에 후회되어 금년은 몇 번이나 갈 기회가 있어도 가지 않고 그가 졸업하는 해 봄에나! 하고 넘겨버렸다. 올해도 진달래는 벌써 다 ― 떨어졌다. 나는 그와 함께 진달래꽃 구경갈 때를 어느 때까지라도 기다려 나 혼자 가지 않으려 한다. 마음에 걸리면서도 이렇게 스스로 위로하기는 한다. 이것도 모 ― 든 것은 기다리고 바라던 때가 가장 즐겁다는 것 중에 하나로 하여둘까.

녹음 ♣

고독한 산책

노자영

녹음 ♣

 시인 말라르메♣는 휘파람을 불며 밤거리로 산보하는 것은 유일의 낙(樂)으로 알았다고 한다. 나는 용감하게 말라르메 같은 시인에 비할 바도 못되지마는, 마음이 울적하고 괴로울때에 홀로 산보하는 것에 적지 않는 취미를 가지고 있다. 어떤 이는 마음이 괴로울 때에 담배를 피우고, 혹은 술을 먹어서 그 괴로움을 잊지만, 술과 담배란 입에 대지 못하는 나로서는 마음이 고적할 때에, 사뭇 지팡이 하나를 끌고 다짜고짜로 산보를 나가는 것이다.

 나의 산보로(散步路) —— 낡은 성벽을 쫓아서 청태♣가 끼고 늙은 소나무들이 척척 늘어진 외로운 산길을 걷고 있노라면, 어쩐지 마음이 유쾌하다. 자금색(紫金色) 황혼이 금붕어 꼬리같이 나무 사이에 어른거리고, 잿빛 비둘기는 소나무 위에서 울고 있을 때이다. 이때면 나는 인간 세상의 모든 구속에서 해방된 듯하다. 내 영혼은 날개를 치며 하나의 고운 비둘기로서 수림(樹林) 속에 헤매는 것이다.

 백구야 훨훨 날지 마라 너 잡을 내가 아니다.

 성상(聖上)♣이 버리시니 나 여기 왔노라 ——

♣ 말라르메: 프랑스의 시인(1842~1898). 작품에 <목신(牧神)의 오후>, <주사위 던지기> 따위가 있다.
♣ 청태: 푸른 이끼.
♣ 성상(聖上): 살아 있는 자기 나라의 임금을 높여 이르는 말.

이런 속요와 같이 세상을 알지 못하고 세상에서 패한 나는 언제나 이런 고독의 산보를 즐기며 그 백구와 벗하는 것이다.

그리고 날이 차차 저물고, 포돗빛 밤색 그 연한 날개로서 삼각산의 봉우리를 덮기 시작하면, 온 누리는 밤의 향연에 들기 시작하고, 하늘에는 성스러운 별들이 몇 개 그 파란 눈을 반짝이기 시작한다. 이때면 나는 풀 포기에 무릎을 꿇고 두 손을 벌려 하늘을 껴안으며

"아! 하느님!"

하고 묵도하는 것이다. 그리하여 내 마음이 튼튼치 못하여 세파에 늘 동요되고, 따라서 자주 비관하는 것을 참회하는 것이다.

"모든 괴로움은 네가 만드는 장난이다."

하는 성푸란시스의 이야기를 생각하고 좀 더 강하고, 좀 더 씩씩하기를 내 자신에 대하여 경계하는 것이다. 그리하여 산길을 유쾌한 듯이 다시 걸어오며 휘파람을 부는 것이다.

녹음

율정기(栗停記)

계용묵, 『조선일보』, 1939. 5.

녹음

　인제 버들잎이 완전히 푸르른 걸 보니 밤나무 잎에도 살이 한참 오르고 있을 것 같다.
　버들 뒤에 잎이 푸르른 나무가 하필 밤나무뿐이랴만 버들잎이 푸르면 나는 내 고향집 정원의 그 늙은 밤나무의 안부가 궁금해진다.
　그것은 몇백 년이나 되었는지 팔순의 노인네들까지 자기의 어렸을 시절에도 역시 그저 지금이나 다름없는 모양으로 그렇더라고 하는, 언제 어느 때에 심어졌는지 그 유래조차 알 수 없는 그러한 연령을 가진 밤나무다.
　어떠한 나무든지 아름드리로 굵게 되면 그 보이는 품이 사람으로 비해 보면 많은 수양에 단련이 된 그러한 학자같이 침착하고 장중한 맛이 있어 보이거니와, 이 밤나무야말로 사상이 일관된 철학자같이 숭엄하게, 무겁게, 그리고 거룩하게 보였다.
　주위에 둘러선 백양♣이라든가 솔 같은 것은 바람이 부는 듯만 해도 바람 좇아 몸을 부지할 줄 모르건만 유독 이 밤나무만은 고삭고 무지러진 가지이랴만 의연히 서서 그 자세를 변치 않는다.
　척 보면 이젠 아주 생명이 다한 것 같이 속속들이

♣ 백양: '황철나무'를 일상적으로 이르는 말.

좀이 파먹어 들어가 껍데기 안으로 겨우 한 치
두께의 살밖에 붙어 있지 않지만 그래도 버들잎이
푸르면 잊는 법이 없이 뒤이어 잎을 피우고,
가을이면 기어이 열매를 맺어 굽알을 떨궜다.

    이것은 마치 그 속속들이 구새♣ 먹어 썩어진
등덜미가 이러한 도를 닦기까지 얼마나한 세고의
풍상에 부대끼며 속을 썩인 그 자취인가를
우리에게 보여 주는 것 같아, 그 밤나무를 대할
때마다 나는 무엇엔지의 사색에 저도 모르게
머리가 숙군했다. 어쩐지 나는 그것이 좋았다.
그것이 좋아서 조석으로 이 밤나무 그늘 아래를
거니는 것이 남모르는 내 한동안의 즐거움이었다.

    조부님도 내 마음과 같았던지 항상 이 밤나무
밑을 떠나지 못하시고 나와 같이 그 그늘 아래
거닐기를 즐기셨다. 그러다가 요 바로 몇 해 전에는
해마다 그 가지가 고삭고 축나는 이 늙은 철학자를
보호하여 그로부터 영원한 벗을 삼으시려 돈을
들여가며 인부를 사서는 북을 돋우어 주고, 그리고
그 둘레론 돌을 때려 대를 쌓고 정자를 만들어
놓았다. 그리고는 과객조차도 그 아래 머물러 같이
즐기게 하기 위하여 자연석을 주워다가 곳곳에

♣ 구새: 속이 썩어서 구멍이 생긴 통나무.

좌석을 만들어 놓고 이 늙은 철학자를 주위로
돌아가며 장미라, 목단이라, 매화라, 이런 향기 높은
꽃나무까지 구해다 심어서 정자로서의 정취를 한층
더하게 했다.

　이렇게 하시는 것이 나로 하여금 이 늙은
철학자와 좀 더 친할 수 있게 하는 원인이
되었거니와, 사람들은 이것을 율정이라 이름 짓고
여가(餘暇)가 있으면 이 철학자를 찾아 모여 와서
고풍한 그 정취 속에 잔을 기울여 가며 시를 읊었다.
내 그 시를 지금 일일이 기억 못 하거니와 그 지방
일대는 물론, 남북관(南北關)으로부터서까지
모여든 시문이 실로 기백수(幾百首)♣로 조부님도
지금은 그것을 노여(老餘)의 보배로 제책(製冊)까지
하여 머리맡에 두시고 그 시문 속에 구원한 진리가
담긴 듯이, 그리하여 그것을 찾으시려는 듯이
짬짬이 읊으심으로 심신의 위로를 삼아 오신다.

　내 창작도 태반(殆半)은 여기서 되었다. 직접 이
철학자를 두고 짜여진 것은 아직 한 편도 없으나,
이 철학자와 벗하여 상이 닦였던 것만은 사실이다.
상(想)이 막히어 붓대가 내키지 않을 때, 나는 나도
모르게 책상을 떠나 이 철학자의 그늘 밑으로

♣ 기백수(幾百首): 몇 백 수.

나왔다. 그리하여 그 밑에서 고요히 눈을 감고
뒷짐을 지고 거닐면서 매듭진 상을 골라서 풀곤
했다. 생각이 옹색해도 이 그늘을 찾았고 독서와 붓
놀음에 지친 피로가 몸에 마칠 때에도 이 그늘을
찾았다. 실로 이 늙은 철학자 밤나무는 나에게 있어
내 생명의 씨를 밝혀주는 씨앗터였다.

    이러한 씨앗터를 내 이제 떠나 살게 되니 해마다
버들잎에 기름이 지면 이 늙은 철학자의 그늘 밑이
더할 수 없이 그리워진다. 인제 그 밤나무에도
잎이 아마 푸르렀겠지. 비바람에 고삭은 가지들은
어떻게 됐을까 그 안부가 지극히 알고 싶어지고,
그 밑에서 고요히 눈을 감고 사색에 잠겨 보고
싶어진다.

    더욱이 생각의 가난에 원고를 자꾸만 찢게 될
땐, 어쩐지 그 그늘 밑 자연석 위에 잠깐만 앉아 눈을
감아 보아도 매듭진 상의 눈앞은 훤히 트여질 것만
같게 그 품속이 생각난다.

    얼마나 나는 그 품속에 그렇게 주렸든지, 바로
며칠 전 그때가 아마 밤 열 시는 넘었으리라, 역시
그 밤에도 나는 기한이 박두한 원고와 씨름을
하다가 뜻대로 되는 것이 아니어서 이런 때이면
언제나 하던 버릇 그대로 이미 쓰인 몇 장의 원고를
사정조차 없이 왈왈 찢어 쓰레기통에 동댕이를

치고 대문 밖으로 뛰쳐나왔다.

　그러나 일단 발이 멎고 보았을 때 그것은 가지리라고 믿었던 그 철학자의 품속이 아니었고 대문 밖이자 행길인 냉천정(冷泉町)♣도 한 꼭대기 돌층대 위임을 알았다. 그적에야 비로소 나는 내 몸이 서울에 있는 몸임을 또한 깨달을 수가 있었다.

　그리하여 그 순간, 갈 곳을 모르는 나는 어처구니도 없이 한동안을 그대로 멍하니 서서 쓴웃음을 삼키고, 아까 낮에 일터에서 돌아올 때 복덕방 영감이 돌층대 아래 죽어 가는 한 그루의 포플러 그늘을 지고 담배를 한가히 빨고 앉았던 것을 문득 생각하고 거기라도 좀 앉아서 생각을 더듬어 보리라 포플러 그늘을 찾아 내려갔다.

　그러나 낮에 있던 그 나무 판쪽의 기다란 의자는 거기에 있지 않았다. 그대로 두면 그것도 잃어버릴 염려가 있어 영감은 필시 가지고 들어간 모양이다. 그러니 그 행길가에 그대로 우뚝 서 있을 맛이 없다. 그것보다도 나는 지금 마음을 가라앉힐 시원하고도 고요한 자리를 찾는 것이다. 이 근처엔 어디 그만한 곳이 없을까, 담배를 한 대 피워 물고 뒷짐을 지고 연희장(延禧莊)♣으로 넘은 산탁길을 치올랐다.

♣ 냉천정(冷泉町): 현 서대문구 냉천동의 일제강점기 명칭.
♣ 연희장(延禧莊): 일제강점기에 북아현동 아현정류소 부근 조성된 문화주택단지.

그러나 거기도 역시 마음을 놓고 앉았을 만한 곳이 없다. 산이라고는 하나 사람의 발부리에 지지리 밟히어 돋아나다 죽은 풀밭 위에는 먼지만이 보얗게 쌓여 조금도 신선한 맛이 없다. 밑도 대여 볼 생념이 없어 다시 집으로 내려와 옷을 갈아입었다. 내 다방에 취미를 모르거니와 이러한 경우엔 싫더라도 서울선 다방이란 곳밖에 찾을 데가 없는 것이다.

다방에도 제법 그 우리 고향집 정원의 주인공 늙은 철학자와 같이 구새가 먹은 모양으로 흉내를 내어 꾸며서 분에다 심어 놓은 마치 애들의 장난감 같은 나무가 있기는 있다.

그러나 그것의 그늘 밑에서는 한동안의 마음을 가라앉히기커녕, 그리하여 사색에의 힘을 얻기커녕 인위적으로 자연을 모독하여 순진한 사람의 눈을 속이려는 그것에 도리어 불쾌를 느끼게 되는 것밖에 없다. 그리고 현대의 권태가 담배 연기와 같이 자욱이 떠도는 그 분위기 속에 숨 막히는 답답함이 도리어 정신을 흐려 놓아줄 뿐이다.

하지만 잠시나마 다리를 쉬자면 역시 그러한 다방밖에 어디 밑 붙일 휴식처가 없으니 인위적인 철봉으로 생나무를 지지하여 놓고 자연을 비웃으려는 그 분에 심은 나무와 억지로라도 벗이 되어야 하는 것인가 하면 그리하여 그 나무를 무시로 대하고 바라보며 인생을 생각해야 되는 것인가 하면 내 자신의 마음까지도 그 나무와 같이 철봉에 지지워드는 것 같아 그러지 않아도 속인으로서의 고민이 큰데 자꾸만 인위적인 속인의 속인으로 현대화되어 가는 것 같은 자신을 생각하면 할수록 그 늙은 철학자 밤나무의 자연 속에 생각을 깃들여 자연 그대로 살고 싶은 욕망이 전에보다도 더 한층 간절하다.

    나 떠난 이후에 이 늙은 철학자는 누구와 더불어 뜻을 바꿈으로 마음을 치는지, 조부님 좇아 이젠 연로에 자유롭게 이 철학자와 벗을 하실 기력이 근심되는데…….

뽕나무와 나

노자영

녹음

내가 병으로 성북동 안에서 가장 두메인 산골에 있을 때이다. 북향한 산록(山麓) 밑에 잣나무가 한 그루. 그 외에 밤나무 앵두나무가 우거졌는데, 이 가운데 한 채의 초가가 그의 퇴락한 몸을 겨우 지탱하고 있었다.

하루를 가도 사람의 자취는 별로 볼 수가 없고, 더불어 산새들이 와서 뭐라고 울고갈 뿐 ─. 매우 쓸쓸한 집이었다. 나는 이 집에서 병의 요양을 위하여 만 2년을 있었다.

그러나 이 집에 하나의 오아시스가 있으니 그것은 북쪽 다리 옆으로 4~5주의 뽕나무가 원형으로 둘러서, 그 원형 가운데 수량이 풍부한 바가지 우물이 있는 것이었다. 겨울에는 그리 좋은 줄은 알지 못하겠으나, 여름만 되면 이 뽕나무가 손바닥같이 너울너울 잎이 져서, 하늘도 보이지 않으리만치 그 주위를 녹색의 포장으로 늘이고, 그 아래는 보기에도 시원한 우물이 넘실넘실 맑은 물을 담고 있는 것이 한없이 좋다. 우물 옆으로 꽃장포도 멧나무도 있지마는 지면을 곱게 소제(掃除)♣하고 의자에 누워, 그 뽕나무 잎의 그늘에 휩싸여 있는 재미가 여간 유쾌한 것이 아니었다. 원래 그 뽕잎이

♣ 소제(掃除): 더럽거나 어지러운 것을 쓸고 닦아서 깨끗하게 함.

두껍고 커서 빈(貧)스러운 것도 좋지 않은 미풍이
뽕잎과 마주치며 바스락바스락 비단을 만지는
듯한 고운 소리를 내고 있는 것은 더욱 서늘하였다.
물도 푸르고 나무도 푸르고 ── 그 녹색의 리듬이
나의 영혼에 한 없는 젊음과 쾌락과 힘을 넣어주는
듯하여 매우 기분이 좋았다. 내가 중병을 무난히
퇴치한 것도 이 녹음의 덕이 적지 않았다고 보아
그리 잘못된 것이 아니라고 본다. 손바닥만 한
뽕잎이 수천수만으로 엉키며 그 울창한 리듬이
세상의 온갖 빈약(貧弱)을 삼켜버리고 넓은 공간을
모두 약동의 빛깔로 칠해버리라는 포즈 ─ 더구나
조그만 노랑 새들이 수줍은 듯이 조용히 와서 나무
그늘 속에서 재재거리다가 소리도 없이 달아나고,
혹은 쓰르라미도 와서 울고 가고

 ─ 이때 나는 그 나무 그늘에 고요히 누워 작은
새 쓰르라미 등과 함께 극히 무아한, 즐거운 기분에
취하고 있었던 것이다. 그리고 그 그늘 밑에서
강아지와 장난도 하고 또는 어린 영희와 희롱도
하며 욕심없는 마음으로 지내는 것은 내 마음을
넉넉하고 즐겁게 했다. 그러나 내가 이 집을 팔고
진속(塵俗)♣이 뒤끓는 성북동 아랫마을로 내려온

♣ 진속(塵俗): 지저분하고 어지러운 속세.

후에도, 오히려 그 나무 그늘이 그리워 여름마다 몇 번씩이나 그곳을 찾아갔었다. 그리고 그 뽕나무 그늘 밑에서 지나간 옛날을 추억하며, 나 혼자 명상에 잠기기를 좋아했던 것이다.

재미있고 서늘한 느티나무 신세(身世) 이야기

방정환, 『어린이』 7권 6~7호, 1929. 7~9.

― 이 이야기를 시골의 사촌 아우에게 ―

저는 느티나무올시다.

사랑하는 도련님, 아가씨님! 날이 차차 더워 오니까, 공부하시기가 대단히 어려우시지요. 아이고, 땀들이 펄펄 나십니다그려! 자아, 그 자리를 요 그늘 밑으로 다가 깔으시고 둘러앉으십시오. 오늘은 날도 유난히 덥고 하니, 공부를 좀 쉬시고 내 신세 이야기나 하게 좀 들어 보십시오. 저는 아버지가 어떻게 되고, 어머니가 어떻게 되고 또 우리 조상들이 어떻게 되었다는 그런 내력은 도무지 모릅니다. 내력을 모르니까 나무 중에도 상놈이라 할는지 모르지만 모르는 것이라 모른다고 했지 별수가 있습니까.

그리고, 생년월일도 자세한 것은 도무지 모르지만 어쨌든 6백 살은 다 못 되었어도 5백 살은 확실히 넘은 것 같은데, 그도 무엇으로 아는고 하니 내가 채 열 살 될락 말락 한 어린 시절이었는데 어느 해 8월인가 해서, 동리 늙은이들이 동리 앞에 나와서 하는 말이, "이 장군이 군사를 돌려서 최영 장군을 죽이고, 상감님을 쫓아내고 임금이 되었다지? 나라가 이렇게 망할 수가 있나." 하며, 그중에는 눈물을 흘리며 울기까지 하는 이가 있는 것을 본 것만은 기억이 어슴푸레하니, 그게 지금으로

생각하니까 고려가 망하고 이 태조께서 새로
나라를 세우던 때인 모양인데 그러니까 오백 년
넘은 것만은 확실하지요.

그러나, 어느 해 어느 날 어느 시에 내가 어떻게
해서 이 세상에 생겨났는지는 물론 모릅니다.

다만 내가 거의 육백 년 동안이나 이렇게 오래
살아왔으니까 그동안에 보고 들은 이야기만 다
할래도 책으로 몇천 권이 될는지 모르지만 그
이야기가 어떻게 길고 지루해서 내가 다 할 수도
없고, 여러분들도 싫증이 나서 졸음이 올 것이니
되겠습니까? 그러니까, 내 가까운 곳에서 생긴
일이나 대강대강 이야기하지요. 내가 맨 처음
땅속에 꼭 처박혀 있다가 어느 해 봄엔지 훈훈한
기운이 내 옆에서 돌며 땅이 말랑말랑해지기에
이것 이상하다 하고 그러지 않아도 갑갑하던 김에
머리를 쑥 내어놓고 보니, 참으로 시원도 하거니와
세상이 어떻게나 진기한지 나는 그만 소리를 꽉
지르고 싶었으나, 암만해도 소리는 안 나왔습니다.
그래 세상에 나오면서부터 한 해 두 해 외로이 외로이
커 나는데 좋은 꽃이 피니, 누가 나를 곁눈으로나
거들떠보겠습니까 무슨, 향기나 꿀이 있으니, 봄이
되면 나비 한 마리, 벌 새끼 한 마리 찾아올 이가
있겠습니까. 참 처음 너덧 살까지는 그야말로

녹음

쓸쓸하게 쓸쓸하게 커갔습니다. 쓸쓸함이나마 그대로나 내버려두었으면 오히려 좋게요. 참 위험하고 어마어마한 경우도 여러 번 치르었습니다.

이 건은 두서너 살이나 되었을 때일는지 봄철이 되어 뭇 초목이 새파랗게 싹 틀 때이기에 나도 다른 동무들과 같이 섞여서 나풀나풀 새 잎사귀를 피게 되었었는데, 동리 늙은이 한 분이 하루는 자기 집 소를 끌고 와서 나 있는 곳에서 몇 발자국 안 되는 가까운 곳에다 말뚝을 쿵쿵 박고 소를 매고 가겠지요.

"오냐, 저놈 앞에 내가 다 뜯겨 먹히고 마나 보다."

하며 속마음으로 무시무시한 생각이 나서 그 멍청한 쇠 눈깔만 쳐다보고 있노라니까, 왜 아닐까요, 차차 그 소가 내 옆으로 차츰차츰 가까이 오겠지요.

코를 씩씩 불며 냄새를 맡아 보더니만 다행히 소 입맛에는 맞지 않았던지 뜯겨 먹히지는 않았지만, 그 대신 다른 풀을 뜯어 먹으려고 슬슬 돌아가는 판에 그만 넓적스름한 천 근이나 되는 발굽에 나는 밟히고 말았습니다요. 아프고 어쩌고 그만 정신이 까물해져서 한참 동안은 그대로 까무러졌습니다. 그러다가 얼마 후에야 간신히 정신을 차려서

보니까, 허리가 반절이나 부러졌겠지요. 그러나
워낙 뿌리가 튼튼하였기 때문에 얼마 안 있어서
도로 회생은 되었으나, 그때 일을 생각하면 지금도
정신이 아찔하고 소만 보면 그때 놀란 가슴이
지금도 울렁거립니다.
 이것은 그 후 한 3, 4년 지나서 일입니다.
나도 제법 몸이 커서, 회초리 가지가 바람이
불면 꽤 낭창낭창 흔들릴 만하게 되었는데 역시
봄철이었습니다. 하루는 요 안 동리에 사는 빨강
저고리에 돌띠를 달아 입고 얼굴부터 험상궂게
생긴 놈이 보아하니 심술이 그리 좋지는 못할 것
같았습니다. 우뚝 서자, 무슨 심술인지 손으로 내
허리를 뚝 꺾겠지요. 소에게 놀란 끝이라 이번은 더
말할 것도 없이 그만 정신을 잃고, 피를 줄줄 흘리며
한편을 꺾인 몸이 간신히 가죽에 엉겨 붙어서
목숨만은 끊이지 않았으나 어떻게 해서 몸에 맥이
돌자 눈을 간신히 떠보니까 내 몸에 막대기를
대고 지푸라기로 친친 감아 놓았는데, 내 옆에는
열두 살쯤 된 색시 하나가 인제 여덟 살쯤 된 사내
동생을 데리고, 물바가지를 들고 섰는 것이 보이니,
그것은 확실히 아까 못된 아이에게 죽을 봉변을
하여 까무러쳐 있는 나를 이 색시가 동생하고
물 떠먹으러 오다가 그것을 보고 가엾이 여겨서

그렇게 막대기를 대고 지푸라기로 감아 준 것이 확실했습니다. 그래 나는 두 번째 죽을 것을 마음 착한 아가씨의 은혜로 해서 살아났습니다.

나는 그 후에 나를 꺾은 아이와 지푸라기로 감아 준 색시 오누이가 어떻게 되는가 두고 보리라 했더니 과연 몇십 년 후에 동리 사람들이 내 아래에 와서 한 번 이야기하는 소리를 가만히 들어 보니까, 나를 꺾던 아이는 중간에 병이 들어 그만 반신불수가 되어 일생을 고생고생하다가 그대로 죽고, 그 마음씨 곱던 색시는 가난한 집으로 시집을 가서 처음은 퍽 어렵게 살았더라는데, 그 남편을 도와서 가사를 잘 보았기 때문에 그 남편이 훌륭하게 출세를 하여 큰 정치가로 일국의 이름난 재상이 되고, 그때그때 바가지를 들고 누님하고 같이 따라왔던 동생은 큰 학자가 되었다고 합니다. 물론 내게 다 잘못했다고 병신이 되고, 내게 잘했다고 복 받을 리야 없겠지만 내가 듣기에는 마음에 퍽 시원하고 기뻤습니다.

또 한 번은 이런 일이 생겼습니다.

그것은 내가 열 살이 넘어 제법 면목만이나 하게 컸을 때인데 봄도 다 가고 여름이 되어서 몸에 피가 한창 돌 판이었습니다.

하루는 가는 비가 축축이 오고 해서 새 물맛을

좀 보려고 온 정신을 하늘로만 쏟고 있는데,
발밑에서부터 거진 겨드랑이 위까지 별안간에
칼로 에어 내는 듯이 뜨끔 하기에 그만 질겁할
듯이 아래를 내려다보니까, 떠꺼머리♣ 동리
총각이 머리에 수건을 쓰고 제 딴에는 잘한 셈
치고 벙실벙실하며 내 가죽을 벗겨 들고 섰겠지요
아무리 무지막지하기로 글쎄 산 나무를 세워 놓고
껍질을 그렇게 벗겨 놀 심정이 어디 있겠습니까.
그것은 시골서 짚신 뒤꿈치를 감는 갱깃감에 흔히
내 가죽을 쓰기 때문에 그 총각도 무지막지하게
나를 세워 놓고, 막 가죽을 벗긴 것이나, 다행히 한
3분의 1도 채 못 되게 벗겼기 때문에 한편에서 물을
빨아올리는 힘이 강하여서 그대로 살아나기는
했으나, 받은 상처가 워낙 적지도 않아서 그만
한편은 영영 병신이 되어 지금도 이렇게 한편이
썩었습니다.

    그러나 그 후 얼마 아니 가서 그 총각이 내
가죽으로 총이 굵다란 짚신 감기를 쳐서 신고
의젓하게 내 밑에 와서 낮잠을 자고 있는데 마침
개미 한 마리가 하필 쏘아도 배 고쟁이 속으로
기어들어 가서 불알을 쏘았던지 정신없이 자다가

♣ 떠꺼머리: 장가나 시집갈 나이가 된 총각이나 처녀가 땋아 늘인 머리.

깨어서 개미에게 불알을 쏘이고 따라와서 미친놈 뛰는 꼴이란 상쾌하기도 상쾌하거니와 나 혼자 보기란 정말 아까웠습니다.

　이것이 내가 오늘까지 살아오던 중에 제일 죽을 뻔하고 혼난 세 가지 일이고, 그 뒤에는 한 번 큰 홍수가 나자, 이 동리 앞에 냇물이 넘쳐 올라와서 사람, 짐승, 집채조차 떠내려가는 판에 나도 어마어마한 생각은 났으나, 그때는 워낙 뿌리가 온통 널리 퍼졌기 때문에 큰 화를 안 당하고 그 후로도 큰 한재♣에 몇 번이나 목이 말라서 고생을 하고, 이따금 이따금 몹쓸 바람 아래에 자식 손자 놈들이 불쌍하게 죽어 가기도 하지만 지금은 그 수효가 원체 불었으니까 걱정은 없습니다.

　그리고 그 세 번째 큰 화를 당한 후로 내가 일생 중 제일 기쁜 맛을 처음 맛보기는 어느 해 첫여름이었습니다.

　지금까지는 꽃도 없고, 냄새도 없고, 그늘도 어려서 사람도 눈을 거들떠보지 않고, 새 한 마리 짐승 한 마리 찾아오는 법이 없더니, 내 나이 열댓 살 되자 가지도 제법 퍼지고 여름이면 그늘이 제법

♣ 한재: 가뭄으로 인하여 생기는 재앙.

땅을 덮게 되었는데, 하루는 뜻밖에 노랗게 황금 같은 새 한 마리가 홀딱 날아와서 내 팔에 앉기에 앉는 대로 내버려두고 보았더니, 아이구, 어쩌면 고 조막만도 못한 몸뚱이에서 그렇게도 교묘한 울음소리가 나옵니까. 나는 세상에 나온 지 10여 년 만에 처음 세상의 사랑과 재미를 맛보았습니다. 지금까지 그렇게 쓸쓸히 혼자만 지내다가 뜻밖에 그런 새가 와서 예쁘게 노래해 주니 어찌 기쁘지 않겠습니까?

그래 그만 하도 사랑스러워서 품 안에 꼭 안아 주었더니 그 후로는 그만 친한 동무가 되어서 날마다 그 동무가 찾아 주고 하는데, 그때까지도 그 친구의 성명은 모르고 지냈다가 얼마 후에야 그 친구가 와서 노래를 부르는데 마침 동네 아이들이 몰려오더니,

"예! 꾀꼬리 봐라, 꾀꼬리 봐!"

하는 통에 나도 비로소 내 친구의 이름이 꾀꼬리인 줄을 자세히 알았습니다.

그리고, 그다음에는 매미가 와서 늘 우는데, 그놈이 어떻게나 신선 노릇을 하려 드는지 아침 해도 뜨기 전에 와서는 석양이 되어 해가 다 넘어가도록 한가로운 짓을 하고 앉았으니 그런 때는 동네 장난꾸러기 애들이라도 좀 와서 그놈을

쫓았으면 하는 얄미운 생각도 났었지만 그 대신
개미 떼란 놈들이 내 발부리 밑에다 집을 짓고
부지런히 역사♣를 하는 데는 그것이 가상스러워서
발을 간질여도 그대로 버려두고 보았습니다.
내 나이 그럭저럭 3, 40이 되고 보니 벌써 이
근방에서는 내로라할 만큼 뻗어 난 정자나무
이름을 듣게 되었습니다.

    그래 이제는 온 동네의 귀여움과 사랑을 받게
되어, 동네 사람들은 쉴 터를 만든다고 내 발
근처에 돌을 모아다가 단을 묻어 놓고, 여름 한
철은 아침부터 저녁까지 내 밑에 사람의 자취가
그치지 안했습니다. 폭양이 푹푹 쬐는 날 논밭에서
일하다가 땀을 철철 흘리며 쉬러 오는 농군들에게는
나도 될 수 있는 대로 그늘을 많이 지어서 땀을
식혀 주고 싶었지만 일없는 청년이나 늙은이들이
장기판 바둑판을 짊어지고 와서 요리조리 자리를
옮겨 가며 해종일을 할 때는 별안간 소낙비라도
쏟아져서, 그 이들 옷을 흠씬 적셔 가지고 가는 꼴이
보고 싶었습니다. 아닌 게 아니라, 그런 광경을
당하고 돌아가는 일없는 사람들의 꼴을 실지로 본
일이 한여름에 두어 번씩 있었는데 그럴 때마다

♣ 역사: 토목이나 건축 따위의 공사를 하다.

나는 재미있어서 불리는 바람에 춤을 덩실덩실
추기도 했습니다.

 세월은 허망도 하지요. 내 나이 70이 넘고,
80이 넘고, 백 살이 거의 될 때에는 내 몸뚱이도
거의 아름드리가 되었지만 옆으로 위로 뻗어나간
가지도 제법 도리♣ 기둥감이 되어서 나하고 같이
자라나던 동네 사람들은 벌써 죽어서 하나도 남지
아니하고, 그들의 증손자 고손자들이 해마다
여름이 되면 내 팔에다가 짚 동아줄로 친친 감아서
그네를 매고 뛰노는데, 나도 팔이 아프기는 했지만
그들의 할아버지들과 정답게 지내던 일을 생각하여
그대로 참아주었습니다. 사실 말씀이야 바로
말씀이지, 당신들의 20대 할아버지, 15대 할아버지,
10대 할아버지, 5대조, 고조, 증조할아버지,
아버지들까지 내 팔에 그네 안 타 보신 어른은 별로
없으시지요.

 그런데, 사람도 오래 살면 눈앞에 못 볼 꼴을
많이 보는 것과 마찬가지로 나도 이렇게 5백
살이나, 6백 살이나 살려니까 차마 못 볼 참혹한
일도 많이 보았습니다. 제일 마음 쓰린 일은 나하고
처음 같이 커 가던 동네 친구들이 한 6, 70년

♣ 도리: 서까래를 받치기 위하여 기둥 위에 건너지르는 나무.

녹음 ♣

지나니까 하나씩 둘씩 죽어서 노랑 마포로 시체를
싸 가지고는 반드시 내 앞을 지나서 무덤으로
가는데, 그 시체 지나가는 것을 볼 때마다 나는
웬셈인지 마음이 슬퍼서 견딜 수가 없었습니다.
한 번은 참 불쌍한 일이 내 눈 아래서 생겼습니다.
어디서 떠돌아온 거지인지는 몰라도 지극히
남루한 의복을 걸치고 겨울날 추운 때 벌벌 떨며
병든 몸을 간신히 끌고 거적 한 닢을 메고 내 밑에
와서 신음 신음하는데 누구 하나 돌아보아 주는 이
없고, 병은 더하고, 날은 춥고 해서 필경 그 거지는
내 밑에서 운명하고 말았는데, 그 시체조차 치워
주는 이가 없어서 그해 겨울을 아무도 모르게 눈
속에 고이고이 묻혔다가, 그 이듬해 봄에야 어떤
동네 사람에게 발견되었으나 누가 그 임자 없는
송장을 알뜰히 살뜰히 묻어다 주겠습니까? 거적
두어 닢으로 둘둘 말더니 죽은 개새끼와 같이
끌어다가 저기 저 건너 산 끝에다가 맞가래질을
쳤답니다. 내가 본 시체 중에는 제일 가엾어 보인
시체가 그 거지의 시체였습니다. 그러자, 그해에는
별안간 그 동네에 큰 괴질이 돌아와서 사람이 죽고
앓고 하는데, 동네 사람들은 그 거지가 죽어서
원혼이 되어 가지고 이 동네를 망치려 든다고 야단
야단이어서 밥을 한다 떡을 한다 해가지고, 와서 그

거지 죽은 자리에 와서 무당굿들을 하고 별별 짓을 다 하는데, 어떻게나 나는 얄미운지 손발을 움직일 수 있다면 단번에 그놈의 밥그릇 떡 그릇을 그저 내리 부셔 놓고 싶었습니다. 그리고, 사람들처럼 요사 비사한 것은 없다고 생각하는 동시에 그 가엾이 죽은 거지가 더 한층 불쌍한 생각이 나서 견딜 수가 없었습니다. 6백 년이나 거의 살았으니 그간의 풍상이야 얼마나 많았겠습니까. 난리도 여러 번 치르고 병화(전쟁)도 여러 번 겪어서 죄 없는 몸에 탄알도 여러 번 맞았소이다.

앞으로인들 또 무슨 일이 생길지 알 수 있습니까? 기쁜 일이 생길지, 슬픈 일이 생길지 하여간 당신들이나 튼튼한 몸으로 잘 커서 모든 좋은 일을 많이 하십시오.

너무 지루할 것 같습니다. 그만 그치지요. 땀이나 좀 식었습니까?

녹음 ♣

식물 찾아보기

감자	130	
개나리	178	
금잔화	81	
꽃창포	103	
냉이	31	
느티나무	217	
달래	31	
돌배나무	143	
들국화	101, 188	*
매실나무(매화)	69, 73	
목련	27, 187	
목향장미	27, 196	
민들레	31	
박	123, 147	
밤나무	205	
백합	83, 191	
버드나무	167, 177	
보리	37, 44	
봉선화	71	
뽕나무	213	
사과나무	26, 119	
상수리나무	123	
석류나무	159	
소나무	171, 201	
수선화	76	
수수꽃다리(라일락)	66	
쑥	196	
씀바귀	31	
앵도나무(앵두나무)	25	
양버들(포플러나무)	181	
오이	129, 151	
옥수수	197	
제비꽃(오랑캐꽃)	91	
진달래	178, 198	
참나무	135	*
천홍화	111	*
토끼풀	185	
팥배나무	137	
포도	26	
호박	147	

국립수목원 국가생물종지식정보시스템 등재 국명 기준 (*미등재 식물명)

작가 정보

강경애 1907~1943
황해도 송화 출생. 일제강점기 사회주의 리얼리즘 작가로
식민지 한국의 빈곤 문제를 작품화하는데 힘쓴 소설가.

계용묵 1904~1961
평안북도 선천 출생. 일제강점기 한국문학의 언어적 미감을 세련
시켰으며 『병풍에 그린 닭이』, 『백치 아다다』 등을 저술한 소설가.

권태응 1918~1951
충청북도 충주 출생. 애국과 항일의식이 담긴 작품과 아동들에
대한 깊은 애정으로 동시를 많이 발표한 문학가이자 독립운동가.

김교신 1901~1945
함경남도 함흥 출생. 자연과 인간, 가족 등을 주제로 다양한
작품을 집필하였으며 일제강점기 일본의 국군 주의에 반대하고
무교회주의를 제창한 교육자이자 종교인.

김남천 1911~1953
평안남도 성천 출생. 일제강점기 사회주의적 리얼리즘을 추구
하고 조선 문학건설본부를 설립한 소설가이자 문학비평가.

김소월 1902~1934
평안북도 구성 출생. 『진달래꽃』 등을 저술하였고 전통적인 한의
정서를 민요적 율조로 표출한 시인.

노자영 1898~1940
황해도 출생. 『사랑의 불꽃』 등을 저술하였고 낭만적 감상주의
를 추구하며 소녀 취향의 문장으로 명성을 떨친 시인이자 수필가.

마해송 1905~1966
경기도 개성 출생. 아동 잡지 『어린이』를 통하여 많은 동화를 발표
하고, 최초의 '어린이헌장비' 건립에 힘쓴 아동문학가이자 수필가.

문일평 1888~1939
평안북도 의주 출생. 대한제국기와 일제강점기에 활동한 사학자
겸 언론인이자 교육자, 독립운동가.

방정환	1899~1931
	서울 출생. 일제강점기에 '어린이의 날'을 제정하고, 아동 잡지 『어린이』를 창간한 아동문학가.
백신애	1908~1939
	경상북도 영천 출생. 친일파였던 아버지 밑에서 사회주의 단체였던 조선여성동우회와 경성여자청년동맹에 가입하여 여성 계몽 운동과 항일투쟁을 적극적으로 전개한 소설가.
서덕출	1906~1940
	울산 출생. 『봄편지』 등을 저술하였으며, 동요와 동시를 통해 우리 민족에게 희망과 기쁨을 안겨준 일제강점기에 활동한 대표적인 아동문학가.
오일도	1901~1946
	경상북도 영양군 출생. 『눈이여! 어서 내려다오』, 『창을 남쪽으로』, 『내 연인이여』 등을 저술하였으며, 순수 시 전문잡지 『시원』을 창간해 한국 연대시의 발전에 기여한 시인.
윤곤강	1911~1950
	충청남도 서산 출생. 일제강점기 사회주의 문예운동단체인 카프(KAPF)에 가담하고 새로운 시세계를 개척하고자 한 시인.
이효석	1907~1942
	강원도 평창 출생. 「메밀꽃 필 무렵」 등을 저술하였고 고향을 무대로 한 향토적 정서와 서구에 대한 동경을 서정적 문체로 승화시킨 대표적인 단편 소설가.
장정심	1898~1947
	개성 출생. 일제강점기 독실한 신앙심을 바탕으로 한 맑고 고운 서정성의 종교시를 쓴 시인.
정지용	1902~1950
	충청북도 옥천 출생. 일제강점기 『정지용시집』, 『백록담』, 『산문』 등을 저술하였고 1930년대 한국 시단을 주도한 시인.

주수원	1910 ~ 2003
	경상남도 창원 출생. 일제강점기 1930년대 우리나라 시단에 몇 안되는 여류문인으로서 섬세한 감각과 고요한 정감을 표현한 시인.
최병화	1905 ~ 1951
	서울 출생. 아동극단 '호동'을 조직하여 활약했으며 해방 이후 곱고 부드러운 필치로 '미담의 명수'라 평가된 소설가
최서해	1901 ~ 1932
	함경북도 성진군 출생. 빈궁을 소재로 하여 가난 속에 있는 사람들의 호소와 절규를 담은 이야기를 주로 다룬 소설가.
허 민	1914 ~ 1943
	경상남도 사천 출생. 일제강점기 자유시를 중심으로 시조, 동요, 합창극 등 다양한 갈래에 걸쳐 활동한 시인. 소설가.
황석우	1895 ~ 1959
	서울 출생. 1920년대초 『폐허』, 『장미촌』의 창단동인으로 활동하였으며, 『벽모의 묘』, 『태양의 침몰』, 『자연송』 등을 저술한 시인.

정보가 불분명한 경우 일부 작가 정보를 수록하지 못하였습니다.

참고문헌

단행본	·마노 다카야, 『도교의 신들』, 들녘, 2001. ·문학과지성사, 『모래알 고금 1·2』, 마해송, 2014. ·도서출판 박이정, 『우리말 형태소 사전』, 백문식, 2012.
논문	·김종태, 「한시 번역의 구성과 표현」, 『한문 번역의 난해처, 그 해결 방안과 사례』, (2012), pp.21-54. ·오윤정, 「1920년대 일본 아방가르드 미술운동과 백화점」, 『미술사와 시각문화』, (2015), 15, pp.182-211.
신문기사	·정명남, 『童話 상수리와박』, 조선일보, 1937. ·『꼿(11) 菖蒲花』, 조선일보, 1926. ·공강일, 『참 다행이어라』, 경북매일, 2017.01.19. ·임아영, 『역사의 숱한 사연 지닌 채 우리의 기억 속에 거의 잊혀진… 회령 도자의 재발견』, 경향신문, 2015.01.12.
온라인	·국립국어원, 「표준국어대사전」, stdict.korean.go.kr ·국립국어원, 「우리말샘」, opendict.korean.go.kr ·국립수목원, 「국가생물종지식정보시스템」, nature.go.kr ·국사편찬위원회, 「한국사데이터베이스」, db.history.go.kr ·네이버(주), 「뉴스 라이브러리」, newslibrary.naver.com ·네이버(주), 「네이버 지식백과」, terms.naver.com ·네이버(주), 「한자사전」, hanja.dict.naver.com ·네이버(주), 「일본 어사전」, ja.dict.naver.com ·문화재청, 「국가문화유산포털」, heritage.go.kr ·한국문학예술저작권협회, 「KOLAA」, www.kolaa.kr ·한국저작권위원회, 「공유마당」, gongu.copyright.or.kr ·한국학중앙연구원, 「한국민족문화대백과사전」, encykorea.aks.ac.kr ·한국학중앙연구원, 「한국향토문화전자대전」, grandculture.net ·34년 경성에서, 「34년 경성에서」, gubo34.tistory.com ·Baidu, 「Baidu百科」, baike.baidu.com ·DIGITALIO, 「コトバンク」, kotobank.jp ·Mazii, 「mazii」, mazii.net ·Wikimedia Foundation, Inc., 「위키백과」, ko.wikipedia.org/wiki

식물의 효능

1판 1쇄 인쇄	2024년 04월 12일
1판 1쇄 발행	2024년 04월 26일
지은이	강경애, 계용묵, 권태용, 김교신, 김남천, 김소월, 노자영, 마해송, 문덕수, 문일평, 방정환, 백신애, 서덕출, 오일도, 윤곤강, 이효석, 장정심, 정명남, 정지용, 주수원, 최병화, 최서해, 춘정, 허민, 황석우
펴낸곳	오이뮤(OIMU)
출판등록	2018년 11월 14일 제 2018-000235호
주소	(06584) 서울시 서초구 동광로 95-1, 3층
홈페이지	oimu-seoul.com
대표전화	02.588.3123
이메일	oimu.seoul@gmail.com
교환 문의	oimu.oneday@gmail.com
값	23,000원
ISBN	979-11-965388-7-3 03810

OIMU®

© OIMU, 2024 Printed in Seoul, South Korea
이 책 내용의 일부 또는 전부를 재사용하려면 반드시 오이뮤(OIMU)의 동의를 얻어야 합니다.